平尾台トレイルランニングの魅力

CONTENTS

表紙デザイン　多田隈 優
（著者 曾塚孝の教え子）

裏表紙写真：平尾台産・日本最大のニホンオオカミ

こんなにロケーションの良いレースは日本にはなかった。
本格的トレイルランニングレース・九州上陸！

　数年前、ハイキングガイドブックで九州エリアから走るトレイルを探していた際「ここは日本なのか？」と思われるフィールドの写真が目に飛び込んできました。それが平尾台でした。

　実際に走ったトレイルは想像以上で、海原を遠方に望み、他ではあまり見ることができないカルスト台地の風景、起伏の中の完璧なシングルトラックを無数に通り抜け、同じ形が二つとないピナクル（石灰岩の石柱）の間を走り抜ける気持ちよさ、面白さに感動を覚えました。

　そして2010年より、平尾台をフィールドの中心とする九州最長の40kmのトレイルランニングレースが開催されることになりました。多くのランニング愛好家の方々に、このフィールドの迫力とその美しさを感じ、様々な魅力に触れてもらいたいと思います。

大会プロデューサー　Trail Runner　石川弘樹（TRAIL WORKS代表）

そもそもトレイルランニングとは

 高低差に関係なく、登山道や地図にない道などを走るランニングスポーツ。

 山岳マラソン、山岳耐久レースという言葉でも紹介される。

 全身の筋肉を使うのでフルマラソンのタイム向上にもつながる。

 第一人者の石川弘樹さんは、北九州・平尾台トレイルランニングレースのプロデュースも務める。

 野山を走り、美しい景色を楽しむことができる。

トレイルランニングの楽しみ方とマナー

あいさつはマナーの基本

登山者同士のあいさつは常識だ。積極的に元気よくあいさつをしよう。

山では登りが優先

登山道ですれ違うときには、「登り優先」が基本。登ってくる人がいたら足を止めて「お先にどうぞ」のひと声をかけて道を譲ろう。

山でのマナーに従って

ハイカーを後ろから追い抜くときには、相手に気付いてもらえる気配りをすることも大切。

登山道を外れない

登山道が広がってしまうのを防ぐためにも登山道以外の部分を走ってはいけない。丸太の階段などは、登山道の土砂の流出を防ぐ役割もある。

自然環境を大切にしましょう

場所と状況に応じて、靴についた土をブラシで落としたり、走る速度を緩めるなどして、トレイル（道）が痛まないよう注意しよう。自分のゴミは必ず持ち帰ること。

自分自身の管理にも十分留意

山では、すべての行動が自己責任。トレイルには危険な箇所もあるが、状況に応じた判断をして、自分自身の管理にも十分留意しよう。

平尾台の紹介

自然公園
国の天然記念物・国定公園・県立北九州自然公園に指定。

植物の特別保護区
広谷湿原などには絶滅危惧植物が多い。

カルスト地形
石灰岩が溶かされてできた地形で、鉢状のドリーネや羊のようにみえるピクナル（石灰岩柱）がある。
草原が70%、森林が30%。

土壌の特徴
石灰岩の風化残留物・阿蘇山の火砕流・花崗岩の風化残留物が含まれた土壌、植物の腐食物の混合土壌など。

生活の場
私有地・国有地などが混在しており、生活道路が優先される。台地に住む農家の農作業車や登山者の交通事故を防ぐためにも、県道を横断する際はマナー厳守のこと。

▲貫山 711m

ショート　ロング

四方台

② 大平山

🚻 AID 5

中峠

32km
9kmシ

⑤ 周防
60

🚻 AID 6

START&GOAL
平尾台自然の郷
【制限時間】
■ロング：スタート後7.5時間
■ショート：スタート後3.5時間

復路
往路
⑦ 茶ヶ床

不動山

貝殻山

⑥ 天狗岩

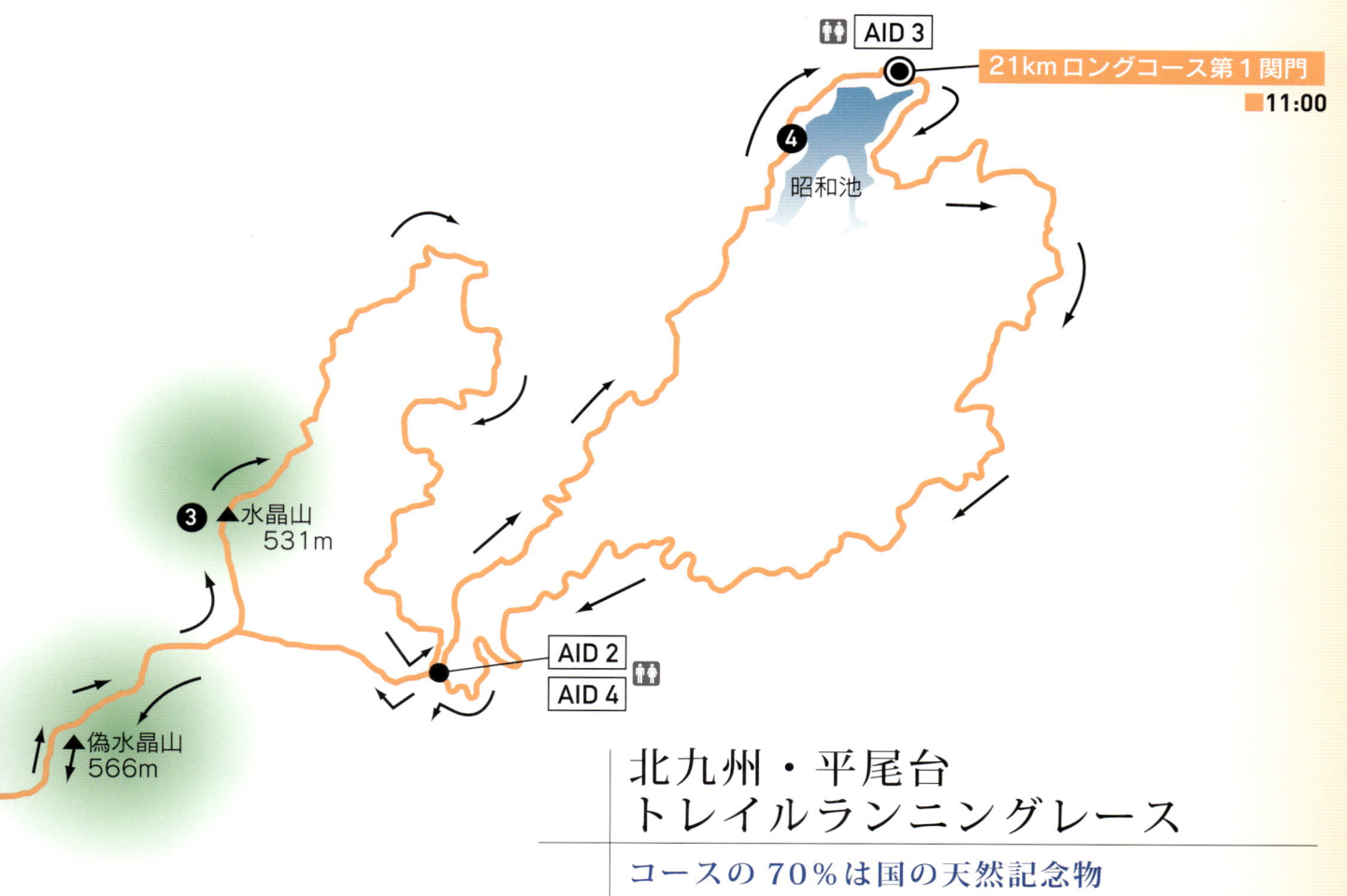

AID 3

21kmロングコース第1関門
■11:00

④ 昭和池

③ ▲水晶山
531m

▲偽水晶山
566m

■3:00
コース第2関門
コース第1関門
■10:30

北九州・平尾台
トレイルランニングレース

コースの70％は国の天然記念物

吹上峠から大平山のジグザク登山道に入り、大平山の石灰岩の間を抜け、岩山北部の尾根筋を走る。
コースには草原、ドリーネ、陥没穴、洞窟、ピナクル（石灰岩柱）をみることができる。

呼吸する平尾台の土壌

日照・風・降水・動植物で変化する。

短絡・コース外走行禁止

植物の踏み付けや新しい道、道幅を拡大しないためにも一列走行を。コースには往復で二倍の人数が走ったこととなり、道の回復には10年かかる。
自然浄化力や自然治癒力はあまり高くない。

ゴミは自然分解されない

レース前の清掃とレース後の点検清掃を行う。
ゴミ袋は必ず携行し、各自清掃に協力すること。

インパクト調査

土壌硬度・土壌酸性度・土壌温度・土壌湿度を調査項目とする。走者の短絡・コース外走行、誘導員などによる踏み固めも調べる。

愛 言 葉

─レース前よりも美しく─

自然も貴方も

自然と生活者優先
響灘・周防灘・関門海峡・国東半島・英彦山などが遠望できる
ルールを守って平尾台を楽しもう

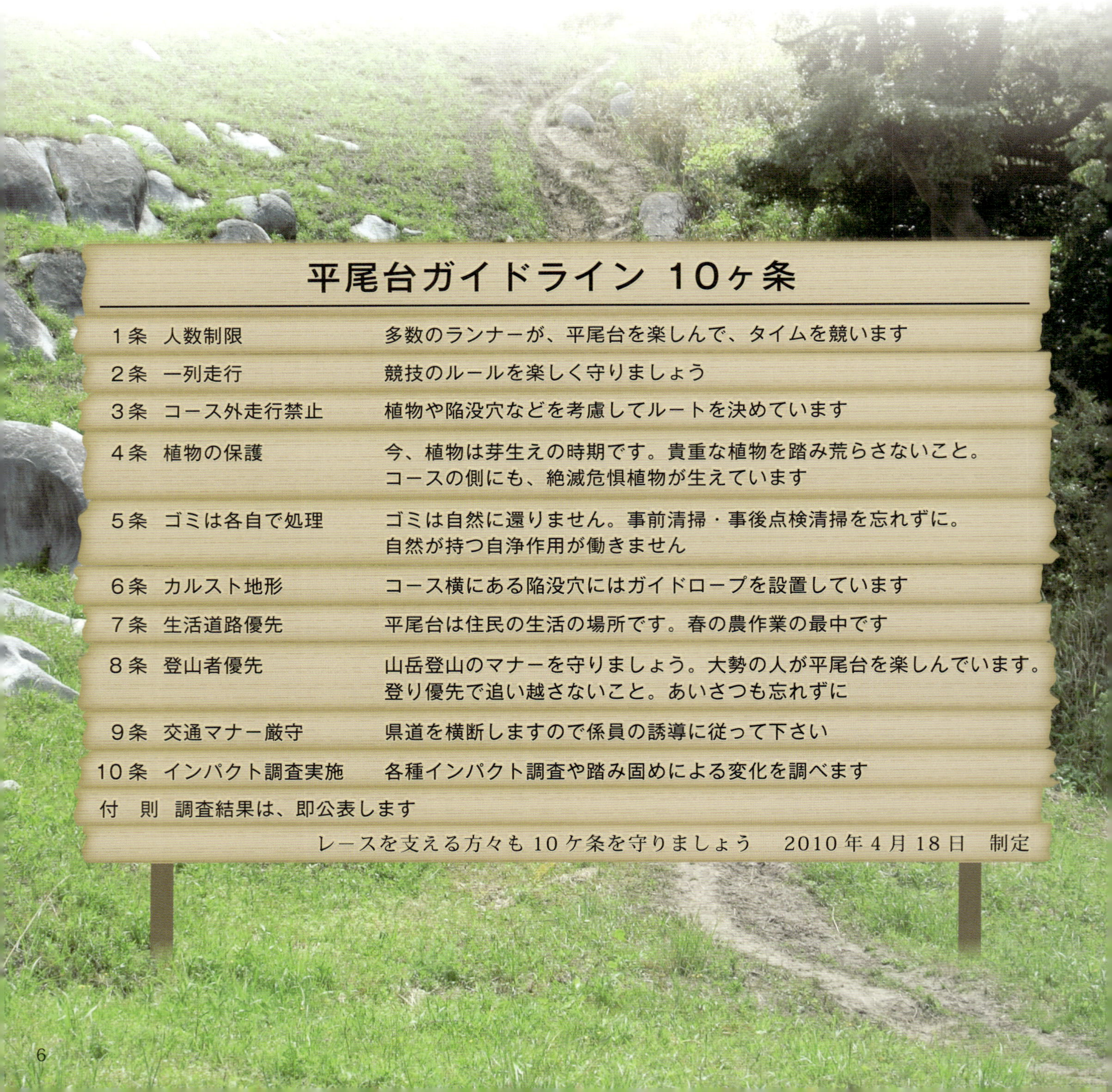

平尾台ガイドライン 10ヶ条

1条	人数制限	多数のランナーが、平尾台を楽しんで、タイムを競います
2条	一列走行	競技のルールを楽しく守りましょう
3条	コース外走行禁止	植物や陥没穴などを考慮してルートを決めています
4条	植物の保護	今、植物は芽生えの時期です。貴重な植物を踏み荒らさないこと。コースの側にも、絶滅危惧植物が生えています
5条	ゴミは各自で処理	ゴミは自然に還りません。事前清掃・事後点検清掃を忘れずに。自然が持つ自浄作用が働きません
6条	カルスト地形	コース横にある陥没穴にはガイドロープを設置しています
7条	生活道路優先	平尾台は住民の生活の場所です。春の農作業の最中です
8条	登山者優先	山岳登山のマナーを守りましょう。大勢の人が平尾台を楽しんでいます。登り優先で追い越さないこと。あいさつも忘れずに
9条	交通マナー厳守	県道を横断しますので係員の誘導に従って下さい
10条	インパクト調査実施	各種インパクト調査や踏み固めによる変化を調べます

付　則　調査結果は、即公表します

レースを支える方々も10ヶ条を守りましょう　2010年4月18日　制定

平尾台のトレイルランニングレース計画に向けて

原野を走り、土壌にインパクトを与えるトレイルランニングレースを北九州国定公園平尾台を中心に行うに当たり、第1回の会議から環境評価を依頼された担当者として、試行錯誤の経過を自問自答の様式で示してみました。

トレイルランニング環境評価委員　代表　曾塚　孝

レースの打ち合わせ会議の前の段階で

■平尾台カルスト台地で、40kmの山岳マラソンレース的なトレイルランニングレース40kmを行いたいが、何とかならないか、という話がありました。

今までの段階で、平尾台地区の地元の人たちに話を持ちかけてきましたが、何とかならないでしょうか。

対応1 何とか地元に益することを考えてみては、いかがですか。

■レースを1回だけでなく継続して毎年行うためには、なおさら地元の人たちの協力が必要です。最初だけ協力をお願いするのではなく、継続的な益がでるよう何とかなりませんか。

対応2 継続して行うための方策を考えましょう。今、日本各地でこの種の大会が行われていますが、いろんなトラブルが生じています。そんなトラブルについても考えたいです。

対応3 その1つとして、植樹を行ったり、エイド・ステーションを設定したいと思います。資金については、大会運営費で行いましょう。

■植樹するならば、記念になるもので、地元に合った、長生きする樹木を選んでもらいたいです。

第1回トレイルランニングレースの打ち合わせ会議

■大会を継続して行うための案は、何かないですか。

■今各地で同様な大会が行われていて、いずれも中止や延期するなどのトラブルが発生していますが、その原因は何ですか。

対応4 原因は、いずれも自然を痛めつけていること。狭いコースに多くの参加者が通るために、コースの植物が痛めつけられたり、道が痛められたりしています。また、登山者や農作業者とのトラブルも原因です。

対応5 大会参加者数が無制限であったり、マナーが守られていないことが指摘されています。

■本日の提案によれば、毎年行う本大会の名誉会長が北九州市長になっています。北九州市は、環境問題を特に重視しているようですね。

対応6 本大会も平尾台カルスト台地の自然を重視したいと思います。植樹や清掃活動や環境インパクト調査を行うように計画しています。

■ガイドラインを作成してはいかがですか。環境に対するインパクト調査を行ってはいかがですか。

対応7 環境に対するインパクト調査はやるべきだと思います。誰もやれそうにないので、インパクト調査を提案した貴方が、行ってもらえませんか。

■環境に対するインパクト調査は、何をどのように調査したらよいのでしょうか。

対応8 静岡大学のレポートは、土壌硬度調査だけで、調査数も少ないようですが、これでよいでしょうか。

対応9 とりあえず、自然環境が問題になっているので、自然環境を調べてみてはいかがでしょう。

第1回トレイルランニングレースの打ち合わせ会議と試行調査後の検討会を受けて

■先日の会議の後、とりあえず「平尾台トレイルランニングレースのための環境調査票」を作成してみました。

対応10 調査項目は、今後変更するかもしれませんが、現段階での項目です。

調査項目：土壌硬度、土壌湿度、土壌酸性度、ゴミの状況、気象状況、気温、湿度、風力など

また次の項目：走行人数、調査地点、調査回数、調査項目、調査人数、コース案内者数、エイド協力者数

■報道関係者数、大会応援者数、大会役員数などについてその人数をどのように考えたらよいでしょうか。

対応11 とりあえず調査してみて、どんなデータが取れるか、何回かテストしてみてください。

■現案の方法で、どんな機材で、何人で行えば、必要なデータが十分に得られるか。どれくらいの時間が必要か、レース進行状況とマッチするかわかりません。現段階では予測できないけれど、大会が開始するまでには、目鼻をつけたいと考えています。また、ガイドラインも考えました。

対応12 大会の最中では、エイドや交通規制があって、次の調査場所への移動が、不可能になることが予想されますが、その段階で検討したいと考えています。

■レースによって、自然がどのようにインパクトを受けるのか、予備調査をしてみました。

対応13 レース前のゴミ除去やレース後の清掃がい

き届いていたので、コースやエイド周辺でのトラブルはありませんでした。

対応14 コースの変化は
　①踏み付けによる土壌硬度の変化
　②表土のスニーカーによる攪拌された変化
　③小雨によるはげしい土壌の変化

対応15 植物に対する変化は特段なく、レース後の春の芽吹きで回復する状態でした。コースの周辺の岩石や土壌が異なっていても、変化はなかったです。例えば、石灰岩地、花崗岩地、腐葉土壌などでは変化はありませんでした。

試行調査後の修正された内容と今後の調査内容

■試行調査後の検討会と修正について今度の調査内容を次のように決定しました。

1. 決定内容
　①地　　点：平尾台
　　　　　　　平尾台は国定公園と天然記念物に指定されている
　②大　　会：北九州・平尾台トレイルランニングレースと、平尾台クロスカントリー
　　　　　　　平尾台では毎年3月にクロスカントリーが、4月にトレイルランニングレースが行われるので、ともに同様の環境評価調査を行い評価資料とする
　③日　　程：1レース3回調査
　　　　　　　レース・年度ごとに毎回3回調査を行う
　④項　　目：主項目は土壌硬度計で土壌硬度を測定すること。各レースともに気温、湿度、地温、地湿度、土壌pHを測定する
　⑤調　査　数：1地点の調査回数を「100打点前後」とする。土壌硬度は統計のために100打点前後を測定する
　⑥時　　刻：3回調査。前日、当日のレース直前、当日のレース後
　⑦条　　件：同一場所、同一方法、同一項目、同一機材・打点間隔はスニーカー幅。100打点。10m毎回同一場所。pH計。土壌硬度計は機材により多少誤差が生じるので同一機種を使用する
　⑧比　　較：草原（ススキ草原、ネザサ草原）、農耕地、防火帯、登山道、獣道（大型動物、小型動物）

　⑨土壌硬度：「平面土壌硬度」（踏み固めて比較する）、「垂直土壌硬度」（地下方向への硬度の変化）走者は水平方向の平面で硬度変化をする。植物は垂直方向で根や地下茎が伸びている
　⑩除　　外：人工工作道路やジャリ道、舗装道路、車道、農耕車両道路などの人工的な道は除外する
　⑪そ　の　他：その他大会に関するインパクトの調査を行う

2. 追加調査項目
　⑫道　　幅：道幅は獣道、登山道、防火帯、トレランのコースでどのように変化するか
　⑬調　査　幅：3地点調査。コースの中央、左側、右側の3地点の調査を行う

上記項目の内容について追加調査を行いました。その内容は、下記の3項目ですが、大会3回目の平成24年度（2012年）から追加して調査しました。
　①走者は地表面を水平方向に踏み付ける：踏み付けでどの程度土壌は硬度が増加するのかを調べた
　②垂直方向に植物の根や芽が分布している：地表面から地下方向への変化を調べた
　③走者はコースの中央部分だけを踏み付けるのでなく、コースの両端部分を踏み付けて走っている：コースの両端部分は通常は植物が生えてます。一列に並んで走っていても、コースの両端部の植物の生えているところを踏み付けているので、コースの両端部分の土壌硬度を測定する
これを「3地点調査」と呼んで調査に加えました。

平尾台の植物の特徴とトレイルランニング・レースについて

■平尾台カルスト台地の植物の特徴は、次のように示されます。通常ではレース走者との関係はあまりなく、影響は少ない。

① 種子だけで増える一年生草本は少ない
② 平尾台の植物は気候に合っており、地下部分（根）がよく発達していて、地下深くにある地下部分が水を含み、乾燥に強い特徴がある
③ 根の形は、塊状、棒状、球根、ゴボウ根状、地下茎などをしている
④ 芽の位置は、ほとんど地下にあり、4〜10cmの深いところにある
⑤ 平尾台の土壌は冬期は3cmくらいの霜柱が生じるので、植物の芽は影響のない深さに形成されている。ただし、平成26年度のトレイルランニング・レースでは、スタート直後からの小雨と濃霧でレースの中頃からは、コースは大変ぬかるんでコース面はこね回されていて、スリップする者が続出し、大会中止の声も生じた

平尾台の気象条件と土壌変化とトレイルランニング・レースについて

■平尾台カルスト台地の人家の多い地域の海抜高度は、およそ350m以上です

① 山鹿の平尾台入口の海抜高度と比べると、300〜350mの差がある
② 気象条件は、年間3℃ほど低く、雨量は多い、霜柱も高く、風は西からの風が多い
③ 台上には河川がなく、降水はすぐに地下に移動してしまう
④ カルスト台地特有の地形と気象条件は、特に夏期は乾燥が強く、土壌も乾燥する
⑤ 植物の地下部分は保水力が強く、夏期の乾燥気候に耐えられる

■インパクト調査と判断・評価には、下記の関連事項を参考にしました

① 生態植物園の造園と管理に関するデータ
② 生態植物園の造園のデータ
③ 住友セメント内の植物群落のデータ
④ 平尾台自然植生のデータ
⑤ 平尾台の植物の根系と生育特性のデータ
⑥ 平尾台マダケ林の伐採処理のデータ
⑦ 平尾台の果樹類の特性のデータ
⑧ 3年間の環境調査資料のデータ

環境評価の重要さについて

■『環境評価の重要さ』について現段階で、明確な調査結果は見つかっていません。また、今後も明確な調査結果は見つからないかもしれません。自然現象は、そんなに簡単ではないということがわかりました。現在行っている調査方法を継続する必要があります。

■トレイルランニングレースを行うに当たり、大会当初から「参加人数の制限」を行ってきました。

① 環境評価を行うに当たり参加人数の制限の数をどこに定めたらよいか、何とか数値的なものが出ないかを検討しましたが、できなかった
② 毎年行われるトレイルランニングレースとクロスカントリーの両大会とともに同一歩調で行いたい
③ コースのルートは「片道使用」「往復使用」が混在している。特にクロスカントリーでは毎年コースが変更することが多い
④ トレイルランニングレースとクロスカントリーで「往復使用」する場所が特定されていない

⑤ 現段階では、各種の検討結果から参加人数は「600〜700人」と予想される。参加者数が700人を超えて、特に雨天時に靴で踏み荒らすと、植物への影響が増大する

　以上、平尾台のトレイルランニングレースのインパクトに対する自然環境評価を振り返ってまとめてみました。

　各種調査項目の中で、①土壌硬度の調査、②土壌水分の湿度量の調査の2点が重要であることがわかりました。

　調査は①3時刻調査、②3定点調査、③3地点調査を同一場所で継続して行う必要があります。

　以上テスト調査を含めて合計5年間のまとめを報告いたします。

環境評価票　気温・大気湿度・地中温度・pH（土壌の水素イオン濃度）　　調査地：福岡県北九州市平尾台

　コースの気象条件を調べた。各レース毎に、平成22（2010）年から平成25（2013）年までの間、トレイルランニングレース毎に測定した。

　気象条件は、気温・大気湿度・地中温度・pH（土壌の水素イオン濃度）を調査した。調査した内容は年度ごと、項目ごとにまとめて示した。

1．気温

項目 場所	22年 気温℃	23年 気温℃	24年 気温℃	25年 気温℃
風の神台　入口	12	14.8		
風の神台　奥	11	14.5		
不動坂峠　新1		15.5		18.3
不動坂峠　下り	12	15.4		
不動坂峠　登り	12	14.8	18.3	
堂金山	14	17.5	25.6	25.6
茶ヶ床　平坦	15	17.1	24.6	24.6
茶ヶ床　登り		15.6	20.3	20.3
貝殻山　南			22.3	22.3
芳ヶ谷　南			24.2	24.2
集　　計	13～15	7.4～22.5	18～23	18～24

2．大気湿度

項目 場所	22年 湿度%	23年 湿度%	24年 湿度%	25年 湿度%
風の神台　入口	58	59		
風の神台　奥	57　58	63		
不動坂峠　新1		67		
不動坂峠　下り	46	68		
不動坂峠　登り	50	69		18.3
堂金山	58	81	42	25.6
茶ヶ床　平坦	70	81	47	24.0
茶ヶ床　登り		87	60	20.3
貝殻山　南	64　68		81	22.3
芳ヶ谷　南			53	24.2
集　　計	56～70	59～87	42～81	18～25

3．地中温度

項目 場所	22年 地温℃	23年 地温℃	24年 地温℃	25年 地温℃
風の神台　入口		9.8	9.8	
風の神台　奥		9.8	9.8	
不動坂峠　新		9.5	9.5	
不動坂峠　下り		9.8	9.8	13
不動坂峠　登り		9.5	9.5	15
堂金山		11.7	11.7	
茶ヶ床　平坦	11.6	11.6	11.6	16
茶ヶ床　登り	12.4	12.4	12.4	16
貝殻山　南				14
芳ヶ谷　南				15.5
集　　計	11.6～12.4	9.5～12.4	9.5～12.4	13～16

4．pH（土壌の水素イオン濃度）

項目 場所	22年 pH	23年 pH	24年 pH	25年 pH
	6.8	4.5		
風の神台　奥	6.8　6.7			
		5.2		
不動坂峠　下り	6.4	4.8		
	6.7	5.0	13.7	6
堂金山	6.8	4.8	15.6	7
	5.0	4.8	16.1	6
茶ヶ床　登り	5.1	5.1	16.5	6
	6.2　6.7		14.9	6
芳ヶ谷　南			15.6	6
集　　計	5.0～6.8	4.3～5.2	13.7～16.5	6～7

自然状態について

目　的：レースのコースと比較するために、自然状態の草原、耕作地の畑と畦、草のない土壌などのデータを示した。

調査項目：平成22（2010）年および平成23（2011）年のレース前のデータを取り、平成23（2011）年のレースのデータを取るときの参考にした。

※調査数は打数と表示したのは、土壌硬度計を土壌に打ちつけて硬さを調べるので、打点と表示した。
土壌硬度については、山中式土壌硬度計を使用して測定した。（単位：mm／drop）

1. 自然状態　草原　山中式土壌硬度計　単位：mm／drop

ネザサ草原

61／	7打点	= 8.714	22年3月
105／	5打点	= 21.000	22年3月
1377／	115打点	= 11.973	23年3月
340／	36打点	= 9.444	23年3月
877／	71打点	= 12.352	23年3月20日
500／	44打点	= 11.363	23年3月20日
1543／	127打点	= 12.149	23年4月16日
2920／	242打点	= 12.066	25年3月
合計　7723／	647打点	= 11.948	25年8月

ススキ草原

166／	9打点	= 18.444	22年3月
105／	5打点	= 21.000	22年3月
2777／	155打点	= 17.916	23年3月
917／	52打点	= 17.634	23年3月20日
1860／	103打点	= 18.058	23年3月20日
2943／	164打点	= 17.945	23年4月16日
5720／	319打点	= 17.931	23年3月〜4月
合計　14488／	777打点	= 18.460	25年8月

セイタカアワダチソウ

228／	45打点	= 5.066	23年3月20日
269／	66打点	= 4.075	23年3月
5720／	319打点	= 17.931	23年3月16日
5948／	326打点	= 16.34	25年4月
合計　12206／	777打点	= 15.709	25年8月

※コメント
- 草原、畑の柔らかさはネザサ草原はススキ草原より土壌は柔らかい
- ネザサ草原、ススキ草原、セイタカアワダチソウ草原のいずれの土壌硬度にもばらつきがあった
- その原因は土壌の乾燥状態にあるようだ
- 平成25（2013）年春に追加調査を行った

- 畑の柔らかさ

- 外来種のセイタカアワダチソウが生えているところは柔らかい
- セイタカアワダチソウは戦後侵入していたが、平尾台では多少衰弱してきている。耕作跡地にまだ群生している

2. 自然畑地　山中式土壌硬度計　単位：mm／drop

畑地（耕作地）

602／	75打点	= 8.08	22年3月15日
425／	10打点	= 4.25	22年3月18日
96／	34打点	= 2.82	23年3月19日
81／	31打点	= 2.61	23年3月20日
合計　1204／	150打点	= 8.026	23年3月

畦（耕作地）

1307／	90打点	= 14.522	22年3月15日
362／	21打点	= 16.45	23年3月19日
646／	48打点	= 15.02	23年3月19日
合計　2315／	159打点	= 14.559	23年3月

- 耕作放棄地域の横がレースのコースになっているところもある
- 耕作地も畦などの放棄地も土壌は軟化している

3. 自然土壌　山中式土壌硬度計　単位：mm／drop

黒灰色土壌

1224／	72打点	= 17.000	22年3月20日
41870／	2308打点	= 18.141	25年3月
合計　43094／	2380打点	= 18.106	25年8月

赤褐色土壌

1395／	72打点	= 19.57	23年3月18日
2037／	111打点	= 18.35	23年3月20日
1679／	72打点	= 21.83	23年3月20日
3432／	183打点	= 18.75	23年3月20日
37771／	1826打点	= 19.611	25年3月
合計　46314／	2314打点	= 20.014	25年8月

- 平成22（2010）〜25（2013）年間のレース前日のコースの土壌硬度を参考に加え、典型的な黒灰色土と赤褐色土壌を抽出して参考にした
- 平尾台地域の土壌
- 平尾台地域の黒灰色土壌の下位にある土壌で表面に出ている

花崗岩質土壌

166／	8打点 = 20.78	23年3月18日
168／	7打点 = 24.00	23年3月18日
122／	7打点 = 17.14	23年3月18日
622／	29打点 = 21.44	23年3月20日
1304／	74打点 = 17.62	23年3月20日
1198／	58打点 = 20.655	23年3月20日
合計 3580／	183打点 = 19.562	23年3月

- 平尾台の北東に隣接する花崗岩で、昭和池地域に分布している
- 土壌は降水や湿度にかかわらずいつもほぼ一定している

石灰岩砂

218／	40打点 = 5.45	23年3月18日
合計 218／	40打点 = 5.45	23年3月

- 平尾台の結晶質石灰岩の風化して落下した結晶を含む黒灰色土壌で、非常に土壌は軟化している

4. 登山道

1549／54	774／28	1399／55	1393／55	合計	4915／192
24.98	27.64	25.43	25.3		25.59

- 年間を通して踏み付けのある登山道は常に、土壌硬度が高めに保たれている
- 幅20mの防火帯の中の道よりも登山道の土壌硬度は高い

5. 防火帯

1291／50	1333／57	1400／55	623／26	988／54	1347／53	合計	6982／295
25.82	23.28	25.00	23.96	18.29	25.41		23.66

- 幅20mの防火帯では道でないところと道のところを比べると、道のところがいずれも常に硬い

6. レースのコース

年度	前日	当日直前		当日直後
平成22年	2075／82 25.30	3360／121 25.64	レース	1339／59 22.69
平成23年	7764／32 23.87	11985／874 16.17		10984／708 20.67
平成24年	17771／891 19.94	20296／891 22.79		19477／891 21.86
合　計	30594／1465 20.75	35650／1662 21.45		31800／1541 23.64

- レースの前日と当日直前を比べると当日直前が軟化している
- 当日直前の方が軟化しているのは夜間の、降水・露・霧などにより土壌に水分が加わったためと考えられる
- 逆に、硬化したのは、土壌が乾燥したものと考えられる
- 当日の直前と直後との比較で土壌の硬度が増したのは、レースによる踏み付けが生じたもの
- コースで、乾燥しにくいところの土壌硬度は、ランナーによる踏み付けで増している
- コースで、陽当たりがよい、風当たりがよいところは乾燥しやすく、余り硬くならない
- 岩影などで乾燥しにくいところは土壌は硬さが増している

7. 人為的な踏み付けによる土壌硬度変化

	踏み付け 直前	25回 踏み付け	50回 踏み付け
データ1	362／21=17.23	378／20=18.90	369／20=18.40
データ2	443／29=15.28	312／20=15.60	171／11=15.55

- 意図的、人為的に踏み付けると、土壌は硬くなる
- 土壌の表面が粉状になると、土壌硬度は軟化する

検討事項と集計

1. 調査目的

　トレイルランニングレースによって、自然環境に人為的に様々な環境負荷が生じるのではないかと懸念されている。レース実施以前の自然状態（原野）と登山道およびレース実施後を比較することで、人為的な影響を調べたい。

2. 調査項目と調査器具

調査項目	
気候関係調査	天候、気温・湿度、風向・風力
植生調査	森林、草地、裸地
土壌調査	地温、湿度、土壌硬度、酸性度
岩石調査	石灰岩（赤色土、黒色土）、花崗岩（真砂土、黒色土）
地形調査	地形変化
ゴミ調査	コース内とコース周辺

調査器具
温度計、土壌酸性度計、湿度計、地中温度計、酸性度計、山中式土壌硬度計、クリノメーター、デジタル写真機、記録用紙

3. インパクト調査地点

　定点　　ルート　　ショートコース　給水・サポートケア地点

　調査地点　　　　レース前　15地点　221ポイント　　　レース後　115地点　237ポイント

4. 調査結果

Q1　平尾台の原野と登山道で差があるか……データ1　参照

平尾台の原野と登山道の、踏み付けによる土壌硬度の違いを調べた。

	原野	登山道
石灰岩地域	974／60=16.23	3960／164=24.02
花崗岩地域	622／29=21.44	526／23=22.86

土壌の特徴		原野	登山道
石灰岩地域の土壌硬度：赤色土壌	平均硬度は	16.2	24.02
黒色土壌			
花崗岩地域の土壌硬度：風化土壌の真砂土	平均硬度は	21.4	22.86

考察1，基盤岩石によって異なる。

　　2，石灰岩地域の原野の土壌は柔らかく、登山道は硬化が大きい。
　　　　植物が生育するのに十分な硬度である。

　　3，花崗岩地域の原野は石灰岩地より硬化し、登山道は硬化は小さい。しかし、登山者が多い所では硬化が大きい。
　　　　花崗岩地域は、土壌は少し硬化し。雨水により流動しやすい。

　　4，原野より踏み付けによる硬化は、石灰岩地の土壌の方が大きい。

Q2　登山道とレース前・後で差があるか……データ2　参照

平尾台の原野と登山道の、踏みつけによる土壌硬度の違いを調べた。

トレイルランニングレースが行われると、土壌硬度はどのように変化するかを調査した。

その結果を下記に示した。

原野	登山道・クロカンレース前	登山道・クロカンレース後
1305／74＝17.64	424／18＝23.56	841／35＝24.02

考察1，石灰岩地の登山道の土壌硬度は、原野に比べ高くなっている。

　　　2，登山道の土壌硬度は、クロスカントリーレース前よりレース後の方が高くなっている。

　　　3，クロスカントリーレースが行われたことで、土壌の硬度が高くなった。

Q3　岩質に差があるか……データ3　参照

トレイルランニングレースの 40km のロングコースの、前半部分は石灰岩地域で、後半は花崗岩地域である。

トレイルランニングコースの 17km のショートコースは、全域石灰岩地域である。

原野	レース前	レース後
石灰岩地域　ロングコース・ショートコース	4813／199＝24.19	5238／208＝25.18
花崗岩地域　ショートコース	513／22＝24.14	743／29＝25.62
総合計	5344／221＝24.18	5981／237＝25.24

考察1，灰岩地域の土壌硬度は、レース前で 24.19、レース後で、25.12 であった。レース後の土壌の硬度は、硬く
　　　　なっていた。

　　　2，花崗岩地域の土壌硬度は、レース前で 24.14、レース後で 25.62 であった。レース後は硬くなっていた。

Q4　走者人数で差があるか……データ4　参照

トレイルランニングコースのレース走者数は、次のとおりであった。

40km のロングコースが 230 人、17km のショートコースが 250 人であった。

ロングコースとショートコースのコースが重なっているコースでは、走者は 480 人であった。

重複コースはショートコースとほぼ同じで、石灰岩地域のみである。

	レース前	レース後
250 人　ショートコース	2420/100=24.20	2261/102=24.43
480 人　ロング・ショート重複コース	2420/100=24.20	2261/102=24.43
230 人　ロングコース	2924/121=24.17	3420/135=25.33

考察1，走者の多かったコースでは、レース後で土壌硬度が 1 増加した。
　　　　ただし平均であるので、硬度が減少した地点もあった。

　　　2，そこでは、土壌が乾燥していて、走者によって地表が削られてパウダー状になった。

　　　3，走者の少ないロングコースでは、花崗岩地域が多く、レース前の土壌硬度が 1 増加した。

Q5 特別保護区で変化があるか……データ5 参照

広谷は、国の天然記念物平尾台の湿地のある特別保護区である。

石灰岩地域と花崗岩地域が混在している地域である。

周囲は山で囲まれていて、周辺から広谷湿地に水が流れ込んでいる。

調査は湿地の脇の登山道の3か所で行った。

登山道は平坦で、石灰岩地と花崗岩地から供給された泥質の土壌で、土壌湿度はやや高い。

トレイルランニングレースのコースは、湿地の脇にある幅約1メートルの登山道である。

	レース前	レース後
広谷の登山道	517/22=23.5	961/47=20.44

考察1，一般に、乾燥した石灰岩地域の土壌ではパウダー状になり、土壌水分が多い所では硬度が高くなった。

　　　2，3か所の調査地点のうち、2か所は土壌硬度が高くなっていた。

　　　　　理由として、細かい土質によるものと、土壌湿度と関係すると考えられる。

　　　3，1か所の土壌硬度に変化はなかった。

Q6 調査時期で差があるか……データ6 参照

レース前とレース後は、レースの数日前の調査と、数日後の調査である。いずれも、調査前の3日間は晴天であった。

レース直前は、レース当日の朝の開会式前の調査と、レース走者通貨直後の閉会式前の調査である。

レース開催日の前の3日間は、晴天であった。土壌は乾燥していた。

レース前	レース直前	レース直後	レース後
2005/85=23.59	3339/136=24.55	1877/76=24.96	8084/161=25.37

考察1，レース当日、レース直前の調査と、直後の調査は、開会式と閉会式の関係でレースに支障のない地点の石灰岩地域の調査であった。調査の結果は直前と直後で変化はなかった。

　　　2，レースの数日前の調査と、数日後の調査では、数日間の天候の具合で土壌の硬度が変化していた。

　　　3，土壌硬度の変化の踏査は、レースが行われる時になるべく近い時期に行われるのが最適だと考えられる。

Q7 同一場所での変化について……データ7 参照

堂金山のデータから

クロカンのレース	事前のデータ	降水	直前のデータ	トレランのデータ	直後のデータ	降水	事後データ
⇒	25.43	⇒	22.5	⇒	27.23	⇒	22.5

不動坂のデータから

クロカンのレース	事前のデータ	降水	直前のデータ	トレランのデータ	直後のデータ	降水	事後データ
⇒	25.43	⇒	22.5	⇒	24.33	⇒	22.5

考察1，2か所とも、レース後は土壌が硬くなり、降水によって軟化していた。

　　　　　土壌が呼吸していることがわかった。

Q8 植物への影響はあったか

レースは4月に行われ、植物の芽吹きと、開花準備が行われている時期である。コース内は植物で覆われてきていた。レース当日、走者がコース内の植物を踏み付ける様子を観察した。

考察1，植物は、踏み付けによってかなり痛んでいた。ただし、コース内では植物の生育が少なく、裸地になっていた。
　　　2，走者がコースを外れて走るのはごくまれであった。レース終了後の植物は、復元しまたもとの状態になっていた。
　　　3，走者以外のレース関係者による植物の踏み付けが、各所で見られた。また、給水などのサポート地点では植物の踏み付けはなかった。

Q9 硬度以外の土壌条件に変化があるか……データ8　参照

データ5　トレイルランニングレース前後の土壌温度・土壌湿度・土壌酸性度

	レース数日前			レース数日後				
大気温度	11　　14.2　　16			11　　12　　12　　14　　16				
				11　　12　　13　　15				
地中湿度	44　　58　　65			46　　56　　58　　60　　70				
	48　　58			55　　57　　58　　60　　75				
	50　　64			55　　58　　58　　68				
pH（土壌の水素イオン濃度）	6.2　　6.7　　6.9			5.2　　6.4　　6.6　　6.7　　6.8				
	6.3　　6.8			6.3　　6.5　　6.7　　6.7　　6.8				
	6.5　　6.8			6.3　　6.5　　6.7　　6.7				

考察1，土壌の温度・湿度・酸性度は、トレイルランニングレースの実施のよって変化が生じたことは認められなかった。これは当然のことと考える。

Q10 ゴミについて

考察1，トレイルランニングレースの実施前に、清掃活動が行われた。
　　　2，走者及び関係者による新たなゴミは、確認されなかった。

《総合評価・提言について》……アセスメントに代えて

1．平尾台の土壌の性質について　　　　**固化しやすい性質がある**
　　　　　　　　　　　　　　　　　　　　乾燥していたら固化する
　　　　　　　　　　　　　　　　　　　　乾燥していたらパウダー状になる
2．土壌の自然回復力について　　　　　　降雨によって復元する呼吸をしている自然回復力あり
3．人数制限の必要性について　　　　　　**少人数ほど影響は少ない**
4．走者へのレクチャーについて　　　　　**事前のレクチャーが適切であった**
5．補助者へのレクチャーについて　　　　3回行うことができたが、内容の再考を要する
　　　　　　　　　　　　　　　　　　　　① 係員打ち合わせ
　　　　　　　　　　　　　　　　　　　　② 結果報告クロカン報告適切であった
　　　　　　　　　　　　　　　　　　　　③ 当日の報告
6．レース開催時期について　　　　　　　特になし
7．環境調査時期について　　　　　　　　当日に近い日時または当日がよい
8．ゴミについて　　　　　　　　　　　　**事前清掃**　　　　大変有効であった
　　　　　　　　　　　　　　　　　　　　事前レクチャー　大変有効であった

インパクト評価票について

　平成22（2010）年の春から、福岡県北九州市のカルスト台地平尾台で、トレイルランニング・レースを行うことになった。

　国の天然記念物、国定公園、県立自然公園などが指定されている平尾台において、このような全国大会規模のレースを継続的に行うことについて、各種のインパクトが予想されたが、何をどのように測定したらよいか皆目見当がつかなかった。

　そこで検討実行委員会において検討された結果、下記のような内容で環境評価を行うことになった。このインパクト評価票は、初年度に試行的に行う内容として示されたものであって、次年度以降では、何をどのように継続的に行わねばならないか、再検討を要する項目である。

トレイルランニングレースのインパクト評価票　　　　　平成 22 年度　　　No. ＿＿＿＿＿＿＿＿＿＿＿＿

　　判定場所名　　福岡県北九州市平尾台 ＿＿＿＿＿＿＿＿＿＿＿＿＿＿＿＿＿＿＿＿＿＿＿＿＿

1. 固定項目	コ ー ス 内			コ ー ス 脇		
地形	走向	傾斜	平坦地	走向	傾斜	平坦地
地質	石灰岩地　　　花崗岩地　　　含れき岩 黒色土　　濃茶色土　　茶色土　　赤色土			石灰岩地　　　花崗岩地　　　含れき岩 黒色土　　濃茶色土　　茶色土　　赤色土		
植生	裸地　　草地　　ススキ　　ネザサ　　低木			裸地　　草地　　ススキ　　ネザサ　　低木		
植生 インパクト						

2. 変化項目	レ ー ス 前								レ ー ス 後							
天気	快晴 ○	晴 ○	曇 ◎	霧雨 ●キ	雨 ●	ニワカ雨 ●ニ	小雨 ●コ	霧 ＊	快晴 ○	晴 ○	曇 ◎	霧雨 ●キ	雨 ●	ニワカ雨 ●ニ	小雨 ●コ	霧 ＊
気温　　℃	最高　　　　℃			最低　　　　℃					最高　　　　℃			最低　　　　℃				
湿度　　％	最高　　　　％			最低　　　　％					最高　　　　％			最低　　　　％				
風	風向		風力						風向		風力				
レース前の天気	前日			前々日					3日前						

3. 土壌	コ ー ス 内			コ ー ス 脇		
硬度 mm/drop						
硬度以外の 土壌条件	温度 　　　℃	湿度 　　　％	酸度 　　　pH	温度 　　℃	湿度 　　％	酸度 　　pH
変化量の評価						

4. ゴミ	レース関連　　テープ　タオル 　　　　　　　シップ　サプリメント	飲食物　カン　ビン　プルトップ 　　　　包紙　ビニル袋　蓋	その他
5. 人的 インパクト	報道	応援・観客	
6. 写真の記録順	1）調査カード　　　2）コース内　　　3）コース脇　　　4）環境　　　5）その他		

福岡県平尾台にある道幅いろいろ

調査：曾塚孝　平成23（2011）年4月～平成26（2014）年5月

色々な道幅
数値は平均値cm
⇩　⇩　⇩

| 小型獣道 21.64cm |
| 大型獣道 39.365cm |
| 登山道 37.125cm |
| 農業用 軽トラ道 166.475cm |
| 3人並走 257.894cm |
| 2人並走 171.500cm |
| 単独走 103.727cm |

獣道1
アナグマ
ウサギなど
21.64cm

道幅 cm	計cm
36	3
35	5
34	2
33	1
32	3
31	
30	6
29	
28	2
27	8
26	9
25	6
24	14
23	17
22	18
21	5
20	9
19	2
18	5
17	2
16	2
15	
14	3
13	
12	4
11	
10	1

獣道2
イノシシ
シカなど
39.365cm

道幅 cm	計 cm
54	1
53	
52	4
51	
50	2
49	
48	4
47	
46	5
45	3
44	5
43	1
42	12
41	
40	6
39	
38	10
37	7
36	15
35	2
34	4
33	2
32	4
31	
30	4
29	
28	5
27	
26	1

登山道
37.125cm

道幅 cm	計 cm
57	
56	
55	1
54	4
53	
52	
51	
50	3
49	
48	5
47	
46	7
45	2
44	5
43	2
42	13
41	3
40	9
39	1
38	20
37	13
36	18
35	4
34	4
33	7
32	5
31	
30	4
29	
28	4
27	3
26	2
25	2
24	2
23	5
22	4
21	
20	1
19	
18	

5645 ／ 152
=37,125

農業用
軽トラ道
166.475cm

道幅 cm	計 cm
193	1
192	1
191	
190	
189	
188	2
187	1
183	
182	3
181	
180	2
179	
178	1
177	
176	
175	2
174	
173	3
172	
168	
167	1
166	2
165	1
161	
160	2
159	
158	2
157	4
156	
155	3
151	
150	6
149	
148	
147	
146	
145	3
144	

6659/40
=166.475

トレイルランニングレースの道

人によって生じる道には、
登山道、防火帯の中の登山道、農耕用の道路がある。
最近生じた道が、レースによる道路である。

この道の道幅は走者の人数、レース時の天候の状態、レース場所の地形、大会が行われる季節などで変化する
走ったら次のように道が変化した
① コースが硬くなった
② 硬くなり乾燥してパウダー状になった
③ 雨で湿ってスリップした
④ スリップするので道幅が広がった

3人が並走した時の道幅　257.894cm

道幅 cm	計	内訳 cm	
306〜310	4	310×4	
301〜305			
296〜300	4	300×4	
291〜295			
286〜290	2	290　290	
281〜285			
276〜280	4	280×4	
271〜275	1	275	
266〜270			
261〜265			
256〜260	4	260×4	3人で走った時の道幅 257.8cm
251〜255			
246〜250	2	246　250	
241〜245			
236〜240	6	238　240×5	
231〜235	1	235	
226〜230	1	230	
221〜225	2	222　224	
216〜220	3	220×3	
211〜215			
206〜210	4	210×4	

2人が並走した時の道幅　171.500cm

道幅 cm	計	内訳 cm	
196〜200	4	200×4	
191〜195			
186〜190	1	188	
181〜185	1	185	
176〜180			
171〜175	1	174	2人が並走した時の道幅 171.5cm
166〜170	6	166×2　168×2　170×2	
161〜165	2	162　164	
156〜160	6	156×3　158×3	
151〜155			
146〜150	1	150	

単独で走った時の道幅　103.727cm

道幅 cm	計	内訳 cm	
116〜120	5	118　112×4	
111〜115	4	112　112　114　114	
106〜110	3	110　110　110	
101〜105	2	106　105	
96〜100	2	100　100	
91〜99	1	91	単独で走った時の道幅 103.7cm
86〜90	1	90	
81〜85	1	85	
76〜80	2	76　78	
71〜75			
66〜70	1	71	

意図的な踏み付け（水平方向の土壌硬度）

目　的：平尾台で行われるトレイルランニングレースで、土壌は踏み付けられて硬くなる。そこで、意図的に土壌を踏み付けて、どのように硬くなるかを調べた。

仮　説：踏み付ければ土壌は硬くなる。

方　法：草原の一定の免責をスニーカーで踏み付けて、山中式土壌硬度計で硬度を測定する。

調査１，調査日：平成23（2011）年3月18日〜20日・・・快晴
　　　　場　所：平尾台の次の３箇所で行った
　　　　　　　　ドリーネの底、ネササ草原、レースのコースと比較する
　　　　方　法：調査１では以下の①〜③の要領で行い、その調査結果を次期の表に示した
　　　　　　　　① 同じ一定の面積（30cm×30cm の積）
　　　　　　　　② 体重 70kg の人が、繰り返して同じスニーカーで踏み付けた
　　　　　　　　③ 踏み付け回数は、踏む前、25 回踏む、50 回踏むの３種類で
　　　　　　　　　 山中式＋土壌硬度計で変化を調べて、調査票に記録した

調査結果：土壌硬度の平均値を示した　単位は mm ／ drop

場所＼調査数	踏む前 3月18日	25回踏む 3月20日	50回踏む 3月20日
データ１　ドリーネの底	363／21打点 =17.235	378／20打点 =18.900	368／20打点 =18.400
データ２　ネササ草原	443／29打点 =15.275	312／20打点 =15.600	171／11打点 =15.540
データ３　レースのコース	=24.10	=25.90	=25.22

　　　　　　＊25 回踏むと、50 回踏むとは大きな変化はなかった。
　　　　　　　調査不足数と考えられるので今後調査数を増やす。

調査２，調査日：平成24（2012）年3月18日〜21日…前日に小雨
　　　　場　所：平尾台こむそう穴横
　　　　方　法：以下の①〜④の要領で行い
　　　　　　　　その結果を下記調査結果表に示した
　　　　　　　　① 同じ一定の面積（30cm×40cm の積）
　　　　　　　　　 タテ：30cm× ヨコ：40cm
　　　　　　　　② 踏み付けて測定した方形区は右の図の形と番号である
　　　　　　　　③ 体重 70kg の人が、繰り返して同じスニーカーで踏み付けた
　　　　　　　　④ 踏む前に土壌硬度を測定し
　　　　　　　　　 同じところを同じ人が同じ靴で 50 回踏んで土壌硬度を測定し
　　　　　　　　　 同じところを同じ人が同じ靴で 100 回踏んで土壌硬度を測定し
　　　　　　　　　 同じところを同じ人が同じ靴で 150 回踏んで土壌硬度を測定した

調査した方形区

1	2	3	4	15
6	7	8	9	10
11	12	13	14	15
16	17	18	19	20
21	22	23	24	25

30cm
40cm

調査結果表：山中式土壌硬度計　単位は mm ／ drop

方形区　1〜15	1	2	3	4	5	6	7	8	9	10	11	12	13
踏み付け前	11	11	15	13	13	10	14	14	7	13	12	12	14
50回踏み付け	11	17	15	18	16	16	16	13	17	15	16	16	14
100回踏み付け	13	18	18	14	14	14	18	17	18	18	16	17	16
150回踏み付け	16	16	17	18	15	13	17	19	19	19	19	17	17

方形区　16〜25	14	15	16	17	18	19	20	21	22	23	24	25	計
踏み付け前	14	13	10	13	12	14	13	9	13	14	13	13	320
50回踏み付け	17	18	11	16	14	16	16	16	14	17	14	16	385
100回踏み付け	16	18	15	14	17	18	19	19	16	15	17	14	411
150回踏み付け	18	18	16	17	19	19	19	18	18	16	18	16	434

調査結果表を度数分布で示して、データを分析した

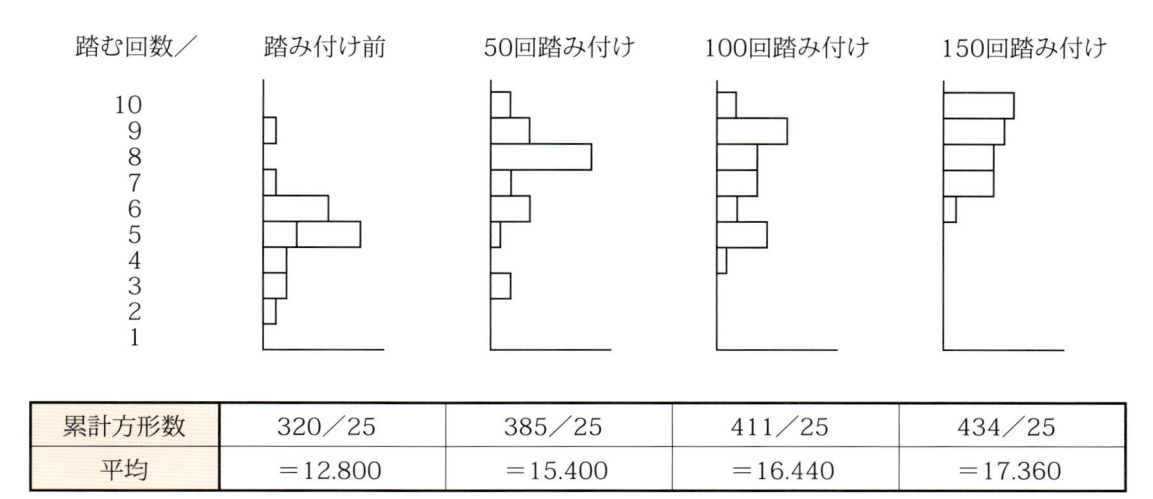

累計方形数	320／25	385／25	411／25	434／25
平均	＝12.800	＝15.400	＝16.440	＝17.360

分　析：① 踏み付け回数が多いほど土壌は硬くなる

　　　　② 踏み付け予定の全面積で硬くなっていた

　　　　③『仮説』土壌は踏み付ければ・・・硬くなる

　　　　　『結論』予定通り・・・踏み付ければ・・・土壌は硬くなった

　　　　（参考）計測機器は山中式土壌硬度計を用いた。同時に使用した気温計、地中温度計などは、機器によっては
　　　　　　　　多少誤差があるので同一機械を用いた。

意図的な踏み付けと土壌硬度の測定に関して

目的：意図的な踏み付けによる、土壌硬度を測定するときの踏む回数は、何回踏んだらよいか考えてみた。

仮定：レースのコース幅はおよそ 45cm、歩幅は坂道と平坦で異なりおよそ 60cm ～ 100cm とした。

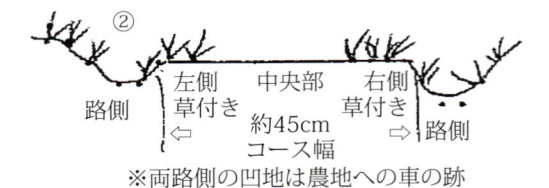

コースの中央部は多くは裸地、コースの左右側は草木が生えている。

レースでは人数が少なければコースの中央部を走行し、多ければ左右を走行する。雨天時でコースがスリップすればコース幅は 100cm にもなる。

歩幅は、登り坂道では 100cm、下り坂道では 50cm、平坦面では 80cm と仮定した。

踏む足の大きさの幅は 15cm、長さは 25cm と仮定した。

コース幅 45cm、長さ 100cm として、600 人が通過したとして、同じ場所を何人が踏むかを推定した。

走者は 2 人が並走し、まんべんなく均一に踏んだと仮定した。

走者数		同一場所を踏み付け人数スニーカーの下		
600人	ならば	同一地点を踏む人数は	約111人	
800人	ならば	同一地点を踏む人数は	約 83人	と仮定
1000人	ならば	同一地点を踏む人数は	約 50人	

走者が

意図的な踏み付け回数を次のように仮定して測定をした。

25回　　50回　　100回　　150回

トレイルランニングレースの追加環境評価項目について

目的1　土壌硬度の変化をレースを実施の前と後とで比較する。

内容：レースによる踏み付けが、地下のどこまで影響するかを調べるために、地下の土壌硬度を調べる。

方法：トレンチを15～20cm掘って、2cm毎の土壌硬度を測定して、レース前後で比較する。

目的2　植物の地下にある根形を調査する。

内容：レースによる踏み付けが、地下のどこまで影響し地下の植物の根に、何処まで影響するかを調べる。

方法：トレンチを掘り、植物の根の分布状態を調べ、レースによる踏み付けが、植物に与える影響を調べる。

目的3　冬季の霜柱による表土層の変化について。

内容：平尾台では、冬季には霜柱がおよそ5～8cm形成されて地表部分の土壌の変化が生じる。

方法：霜および露の状況を調べて、土壌硬度に影響する大きさを考察する。

土壌断面の土壌硬度

平尾台の陥没穴を利用し、壁面土壌の硬度を測定した　　　場　所：福岡県北九州市平尾台

調査日：平成23（2011）年3月上旬　　　　　　調査：曾塚 孝ほか

場所	こむそう穴　横農道		こむそう穴　横屋敷跡		登山道脇　切り割り		木ノ戸洞　脇の陥没穴			断面平均　土壌硬度	
深さ	土壌硬度	平均	土壌硬度	平均	土壌硬度	平均	土壌硬度	平均		集計	平均
深さ	黒褐色腐食質土壌		最大22.43		平均17.02		最小15.00				
2	90／7	12.85	69／5	13.80	118／8	13.87	135／7	19.28		405／27	15.00
4	85／5	17.20	102／6	17.00	73／5	14.60	(255／7	36.42)		(516／23	22.43)
6	151／8	18.82	112／6	18.66	68／5	13.60	119／7	17.00		450／26	17.31
8	185／9	20.55	90／5	18.00	126／8	15.75	110／7	15.71		511／27	17.62
10	291／10	20.10	86／5	17.20	100／8	12.50	108／7	15.43		495／30	16.50
12	178／8	22.25	82／5	16.40	104／8	13.00	111／7	15.85		415／28	16.96
14	182／8	22.75	76／5	15.20	91／6	15.16	128／7	18.29		417／26	18.35
16	206／9	23.11	84／5	16.80	148／8	18.50	(192／7	27.42)		(632／29	21.79)
18	113／5	22.60	84／5	16.80			141／8	17.63		338／18	18.78
20	147／7	21.00	81／5	18.20	＊表中の（　）は		116／7	16.57		344／19	18.10
22	113／5	22.60			土中の固い根に		133／7	19.00		246／12	20.50
24					当たったもので		120／7	17.14		120／7	17.14
26					除外したもの		126／7	18.00		126／7	18.00
28							115／7	16.43		115／7	16.43
30	最大32.11		最大18.66		最大18.50		121／7	17.29		121／7	17.29
32	最小12.85		最小13.80		最小12.50		117／7	16.71		117／7	16.71
平均	1741／81＝21.48		866／52＝16.65		821／56＝14.66		2147／113＝19.00			4220／248＝17.02	
深さ	中間土壌		最大21.71		平均19.53		最小17.00				
34							120／7	17.14		120／7	17.14
36							134／7	19.14		134／7	19.14
38							119／7	17.00		119／7	17.00
40							139／7	19.85		139／7	19.85
42							152／7	21.71		152／7	21.71
44							140／7	20.00		140／7	20.00
46					最大21.71		146／7	20.85		146／7	20.85
48					最小17.00		144／7	20.57		144／7	20.57
平均							1094／56＝19.53			1094／56＝19.53	
深さ	赤褐色土壌		最大22.14		平均18.09		最小13.40				
18					123／6	20.50				123／6	20.50
20					152／7	21.70				152／7	21.70
22			97／5	19.40	96／5	19.20				193／10	19.30
24	118／5	23.60	84／5	16.80	87／7	12.42				409／24	17.04
26	94／4	23.50	82／5	16.40	77／3	25.66				379／19	19.94
28	93／4	23.25	97／5	19.40	184／9	20.44				489／25	19.56
30	114／5	22.80	107／5	21.40	151／7	21.57				493／24	20.54
32	107／5	21.40	87／5	17.40	216／10	21.60				527／27	19.52
34	109／5	21.80	91／5	18.20	83／4	20.75				403／21	19.19
36	103／5	20.60	86／5	17.40	173／10	17.30				397／27	18.37
38	95／5	19.00	86／5	17.20	106／6	17.66	最大　22.14			406／23	17.65
40	102／5	20.40	106／5	21.20			最小　15.71			208／10	20.80
42			89／5	17.80						89／5	17.80
44			72／5	14.40						72／5	14.40
46			77／5	15.40						77／5	15.40
48			67／5	13.40						67／5	13.40
50							138／7	19.71		138／7	19.71
55							121／6	20.16		121／6	20.16
60							155／7	22.14		155／7	22.14
65							126／7	18.00		126／7	18.00
70							138／7	19.71		138／7	19.71
75							131／7	18.71		131／7	8.71
80							109／7	15.57		109／7	15.57
85							135／7	19.28		135／7	19.28
90	最大　23.60		最大　21.40		最大　25.66		128／7	18.28		128／7	18.28
95	最小　19.00		最小　13.40		最小　12.42		110／7	15.71		110／7	15.71
100							124／7	17.71		124／7	17.71
平均	935／43＝21.71		1228／70＝17.54		1448／74＝19.57		1416／83＝17.05			5899／326 18.09	

＊コメント：陥没穴を利用し、壁面土壌の硬度を測定した
1，土壌は、表面に近い有機物の多い「黒褐色腐食質土壌」、より深部の「赤褐色土壌」、両者で混合した「中間土壌」に分けられる
2，植物の根は、宿根性・多年生が殆どで、黒褐色腐食質土壌には大変多く、深部の黒褐色腐食質土壌にまで多く達している
3，平均土壌硬度は、表層に近い黒褐色腐食質土壌が17.0、赤褐色土壌が18.0、中間土壌が19.5であった

環境評価調査票　土壌硬度調査の見方

環境評価の調査票の各項目の内容とその解説と表の見方を記した。調査を行った内容とコースの関係を記したものとなっている。

25年度トレイルランニング・コース　⇦　開催年　大会名
場　　　所　茶ヶ床　平坦　土質：赤褐色粘土質土　⇦　調査場所　土質
調　査　日　平成25(2013)年4月20日〜4月21日　⇦　調査日
前　　　日　平成25(2013)年4月20日　⇦　レース前日に調査（8〜9地点、約800〜900打点）
レース直前　平成25(2013)年4月21日　⇦　レース当日に調査（8〜9地点、約800〜900打点）
レース直後　平成25(2013)年4月21日　⇦　レース当日に調査（8〜9地点、約800〜900打点）

集計	レースの前日	レース当日直前	レース当日直後
左側33p	605／33 =18.55	598／33 =18.30	561／33 =20.55
中央33p	252／33 =23.70	455／33 =22.85	319／33 =25.03
右側33p	423／33 =21.48	762／33 =19.70	403／33 =22.15
全体99p	1480／99 =21.24	1026／99 =20.28	1588／99 =22.58

コースの気象	気温	25.0℃	湿度	62%
	地温	14.7℃	pH	7.0

⇦　調査日　レースの開催前日と当日のレースの直前と直後
測定地点は前日、直前、直後は共に同一場所で測定

⇦　605／33土壌硬度合計／打点総数
⇦　18．55土壌硬度の平均

コースの土壌硬度の様子
左側、中央、右側の3点測定

⇦　コースの左側、中央、右側の全体の様子

大会当日のコースの気象

土壌硬度の実測値　単位はmm/drop　山中式土壌硬度計

	左側			中央			右側		
1	18	20	18	23	25	25	18	18	11
2	18	15	16	22	23	14	22	21	9
3	21	16	17	22	22	22	21	24	16
4	20	17	18	25	23	22	22	18	14
5	15	11	17	20	21	21	19	19	21
6	23	21	17	25	21	22	22	20	20
7	19	15	22	22	27	25	22	22	19
8	17	21	21	22	27	22	22	24	20
9	20	20	19	21	22	22	22	18	18
10	21	20	16	20	23	22	24	21	20
11	19	14	17	23	24	23	21	17	22

⇦　レースのコース幅　約60cm　⇨

進行方向　⇩

右側	中央	左側
18	23	18
18	25	20
11	25	18
22	22	18
21	23	15
9	14	16
21	22	21
24	22	16

山中式土壌硬度計使用
単位：mm/drop

土壌硬度計の打点幅は　⇩

スニーカーの長さ程

土壌硬度と植物との関係

生育に困難　⇦　硬度20以上　＞　生育するが良好ではない　＞　硬度15以下　⇨　生育に 適している

過去のデータ(予備調査)

平成22年度　トレイルランニングレース

調査日　平成22(2010)年4月10日〜4月18日

環境評価調査票1・土壌硬度

場所＼項目	前日 4月10日		当日直前 4月18日		当日直後 4月18日
風の神台　2　奥 黒灰色腐食質土壌	93／4 =23.25	快	199／8 =24.88	レ	259／10 =25.90
風の神台　1　手前 赤褐色粘土質土壌	130／5 =26.00	晴	285／11 =25.90	ー ス	364／14 =26.00
不動坂峠　新 赤褐色粘土質土壌	2270／ =20.6		=	快	2278／ =23.8
不動坂峠　下り 黒灰色腐食質土壌	103／5 =20.60		283／11 =25.73	晴	337／16 =21.06
不動坂峠　登り 赤褐色粘土質土壌	143／6 =23.83		205／8 =25.63		365／15 =24.33
堂金山 赤褐色粘土質土壌	313／13 =24.08		=		489／19 =25.73
茶ヶ床　登り 赤褐色粘土質土壌	217／8 =27.13		=		316／13 =24.30
茶ヶ床　平坦 赤褐色粘土質土壌	133／6 =22.17		=		431／15 =28.73
貝殻山　ドリーネ 黒灰色腐食質土壌	367／21 =17.48		=		=
芳ヶ谷 赤褐色粘土質土壌	=		=		=

草原の土壌硬度

ススキ草原 黒灰色腐食質土壌	166／9 =18.4		05／5 =21.0		=
ネササ草原 黒灰色腐食質土壌	61／7 =8.7		=		=

広谷湿原のコースの土壌硬度

広谷湿原　1	126／6 =21.00	148／6 =24.6	148／6 =24.6

花崗岩地域の土壌硬度

マサ土 花崗岩風化土	122／7 =17.4	166／8 =20.75	168／7 =24.00	120／7 =17.14

平成23年度　トレイルランニングレース

調査日　平成23（2011）年4月13日〜4月17日

環境評価調査票 1・土壌硬度

項目 場所	前日 4月13日	当日直前 4月17日		当日直後 4月17日
風の神台手前　計／個数 土質：赤褐色粘土質土壌 　　　最高－平均－最小	1400／56 平均=25.00 18 – 25.0 – 3	1267／59 平均=21.47 18 – 21.5 – 30	レ ー ス 中 に 降 雨	1821／60 平均=21.3 16 – 21.3 – 29
風の神台奥　計／個数 土質：黒灰色腐食質土壌 　　　最高－平均－最小	1333／57 平均=23.28 18 – 23.3 – 29	1206／60 平均=20.100 17 – 20.10 – 30		1337／60 平均=22.28 17 – 22.3 – 28
不動坂峠新　計／個数 土質：赤褐色粘土質土壌 　　　最高－平均－最小	523／26 平均=24.0 – 24.0 –	1355／70 平均=19.36 – 19.4-		1468／130 平均=11.29 – 11.3
不動坂峠下り　計／個数 土質：赤褐色粘土質土壌 　　　最高－平均－最小	988／54 平均=18.29 11 – 18.3 – 26	1525／100 平均=15.25 11 – 15.3 – 20		742／60 平均=12.37 6 – 12.4 – 18
不動坂峠登り　計／個数 土質：赤褐色粘土質土壌 　　　最高－平均－最小	1347／53 平均=25.41 15 – 25.4 – 30	1525／100 平均=15.25 11 – 15.3 – 20		853／60 平均=14.21 6 – 14.2 – 21
堂金山　計／個数 土質：赤褐色粘土質土壌 　　　最高－平均－最小	1399／55 平均=25.43 21 – 25.4 – 29	1281／74 平均=17.31 10 – 17.3 – 21		1174／60 平均=19.57 10 – 19.6 – 25
茶ヶ床平坦　計／個数 土質：赤褐色粘土質土壌 　　　最高－平均－最小	1291／50 平均=25.85 19 – 25.8 – 30	890／60 平均=14.83 9 – 14.8 – 21		1354／60 平均=22.57 10 – 22.6 – 29
茶ヶ床登り　計／個数 土質：赤褐色粘土質土壌 　　　最高－平均－最小	1393／55 平均=25.33 19 – 25.3 – 30	975／62 平均=15.73 9 – 15.8 – 21		1336／56 平均=23.84 10 – 23.8 – 29
芳ヶ谷南登り　計／個数 土質：赤褐色粘土質土壌 　　　最高－平均－最小	1393／55 平均=25.33 20 – 25.3 – 31	975／62 平均=15.73 9 – 15.7 – 21		1335／56 平均=23.84 16 – 21.8 – 30
貝殻山南　計／個数 土質：黒灰色腐食質土壌 　　　最高－平均－最小	1349／54 平均=24.98 22 – 25.0 – 32	1130／60 平均=18.83 13 – 18.8 – 26		1485／60 平均=24.75 10 – 24.7 – 32

平成24年度　トレイルランニングレース

調査日　平成24（2012）年4月14日〜4月15日

環境評価調査票 1・土壌硬度

項目 場所	前日 4月14日	当日直前 4月15日		当日直後 4月15日
風の神台手前　計／個数 土質：赤褐色粘土質土壌 　　　最高−平均−最小	2059／99 平均=20.79 16 – 20.8 – 28	2357／99 平均=23.77 18 – 23.8 – 30	レ ｜ ス 中 に 降 雨	2292／99 平均=23.15 17 – 23.2 – 29
風の神台奥　計／個数 土質：黒灰色腐食質土壌 　　　最高−平均−最小	2030／99 平均=20.50 15 – 20.5 – 24	2401／99 平均=24.25 19 – 24.3 – 29		2273／99 平均=23.15 19 – 23.0 – 28
不動坂峠新　計／個数 土質：赤褐色粘土質土壌 　　　最高−平均−最小	平均=	平均=		平均=
不動坂峠下り　計／個数 土質：赤褐色粘土質土壌 　　　最高−平均−最小	1755／9 平均=17.73 12 – 17.7 – 21	1799／99 平均=18.17 12 – 18.2 – 29		1860／99 平均=23.44 14 – 18.8 – 26
不動坂峠登り　計／個数 土質：赤褐色粘土質土壌 　　　最高−平均−最小	2038／99 平均=20.59 15 – 20.6 – 23	2194／99 平均=22.16 11 – 22.2 – 25		2311／99 平均=23.44 12 – 23.4 – 26
堂金山　計／個数 土質：赤褐色粘土質土壌 　　　最高−平均−最小	2038／99 平均=20.59 15 – 20.6 – 25	2130／99 平均=21.52 16 – 21.5 – 25		2277／99 平均=23.00 19 – 23.0 – 28
茶ヶ床平坦　計／個数 土質：赤褐色粘土質土壌 　　　最高−平均−最小	2059／99 平均=20.80 12 – 20.8 – 24	2140／99 平均=21.62 13 – 21.6 – 26		2309／99 平均=23.32 19 – 23.3 – 31
茶ヶ床登り　計／個数 土質：赤褐色粘土質土壌 　　　最高−平均−最小	2032／99 平均=20.32 12 – 20.3 – 24	2138／99 平均=21.00 13 – 21.0 – 26		2501／99 平均=25.26 19 – 25.3 – 31
芳ヶ谷南登り　計／個数 土質：赤褐色粘土質土壌 　　　最高−平均−最小	2026／99 平均=20.46 10 – 20.5 – 24	2305／99 平均=23.28 15 – 23.3 – 28		2298／99 平均=23.21 15 – 23.2 – 29
貝殻山南　計／個数 土質：黒灰色腐食質土壌 　　　最高−平均−最小	1743／99 平均=17.52 10 – 17.5 – 22	2013／99 平均=20.33 15 – 20.3 – 25		2174／99 平均=21.95 14 – 21.9 – 28

畑　1 混合土壌	／ =	／ =		／ =
畑　2 混合土壌	／ =	／ =		／ =
土手草付き 混合土壌	畑横・土手・道横 =	=		=
黒灰色腐食質 土壌	1224 ／ 72 = 17.00	=		=
赤褐色粘土質 土壌	3432 ／ 183 = 18.75	=		=

平尾台トレイルランニングレース環境調査・評価の考え方
インパクト調査在り方について

1. 問題になっているトレイルランニングレースにおける
   インパクトとは何か
2. 問題になっているインパクトの一覧表を作成した
   ①大気のインパクト
   ア）温度　　　イ）湿度　　ウ）風　　　エ）日射
   ②土壌のインパクト
   ア）温度　　　イ）湿度　　ウ）pH
   ③走者によるインパクト
   ア）踏み付け　イ）ゴミ　　ウ）地形　　エ）岩石
   オ）コース
   ④生態に対するインパクト
   ア）植物　　　イ）動物
3. 必要なインパクトと不必要なインパクトを予備調査で
   選別した
   ①継続調査が必要な項目　②調査が不要な項目
4. 主に何を調べたら、必要なインパクトがわかるか
   ①地形　②気候　③土壌硬度
5. 大会走者の動きとインパクト調査のタイミングについて
   ①短時間で調査をする　　②必要最小限の項目
   ③必要な少人数で行う　　④調査者の調査場所への移動
6. なぜインパクトを公表するのか
   インパクトを減少させるためには、次の協力者にお願い
   する必要がある
   ①走者　②役員　③エイド関係者　④プレス・応援
7. 陥没穴や道路面などの切り割りの壁などを利用し、土
   壌硬度などの変化を調べる
   ①水平方向の硬度変化
   　　………走者の走行方向の水平方向への移動
   ②垂直方向の硬度変化
   　　………踏み付けによる土壌の上下垂直方向への変化
8. インパクトが発生する要因は何か
   ①人為的行為による土壌硬度の変化
   ②天候などの自然条件の変化による土壌硬度の変化
   ③その他による土壌硬度の変化
9. インパクトの回復時間
   与えられたインパクトから復元するまでの時間
   ①気候などの自然条件の変動により回復する
   ②主に降雨により回復する
   ③人為的作用を土壌に加えることで回復する
10. 植物のどの部分がインパクトの影響を受けるのか
    ①植物の根部分　　　　　②植物の茎部分
    ③植物の種子等の部分　④芽、不定芽などの部分
    この中で、どの部分が重要かを調べる
11. どのような時期が影響を受けやすいのか
    ①発芽時期に影響されやすい
    ②生長時期に影響されやすい
    ③結実時期に影響されやすい

この中で影響される時期を判断する。レースの行われる
時期、環境調査が行われる時期で判断する

12. 植物の影響と環境調査の時期の関係
    トレイルランニングレースが行われるのは毎年4月第3
    日曜日と決定しています
13. 多くの植物が4月は発芽時期に該当することから、発
    芽時期への影響の判断と、インパクトを受ける植物の生
    育場所について
    ①大会が行われるのは4月であるので、芽、不定芽など、
    　4月の発芽時期に対する影響を考えればよい
    ②大会時期が変更すればこの項目は再考される
14. インパクト回復は大会後のいつか
    ①大会後1週間　　　②大会後数週間
    ③大会後1か月後　　④大会後数か月後
15. 環境調査の内容は何か
    ①土壌硬度の調査　②ランナーによる土壌硬度の変化
16. 走者の人数の定め方
    ①一時期、環境調査によって走者人数に関連する資料出
    　たが、明確でなかった
    ②今行っている環境評価では定められない
17. 環境評価の内容
    ①定点で調査する（毎回同一場所で調査し、比較する）
    　風の神台入口、風の神台奥（祠横）、不動坂峠下り、
    　不動坂峠登り、堂金山下り、貝殻山南、芳ケ谷南、
    　茶ケ床平坦、茶ケ床登り
    ②定時刻で調査する
    　大会前日、大会のレース直前、大会のレース直後
    ③定地点を調査する
    　コースの左側、コースの中央、コースの右側
18. 人数制限は何人か
    ①初回（2010年）は300人
    ②2回目（2011年）は400人
    ③3回目（2012年）は500人
    ④4回目（2013年）は600人
    ⑤一昨年（2014年）は700人
    ⑥昨年（2015年）は700人
19. 環境調査と評価の内容再検討
    ①今の調査で初期の調査目的が完成しているか
    ②初期の目的の明確な資料はできていない
    ③今後更に調査内容を検討する必要がある
20. 環境評価の調査を効率よくするためには
    ①最初は手書き・電卓計算
    ②本調査の4年目からパソコン使用
    　………雨天時は手書きと併用
21. 報告はいつどこに行うか
    ①管理者の福岡県に対して
    　………調査統計終了後、福岡市の担当者に行う

②運営者の大会実行委員会に対して
……調査統計終了後、北九州市小倉南区区役所に行う
③大会走者・ボランティアに対して
……大会の前夜祭、大会の閉会式
22. 悪天候時の中断や延期するための条件の再検討を行う必要がある。環境調査委員からの報告も必要ではないか

23. 日程変更時の連絡先、連絡方法
①走者への連絡方法
②走者確認方法
③走者の安全確認方法
24. その他

環境省の考えから

国立公園内におけるトレイルランニング大会等の取扱について（平成27年3月31日　各地方環境事務所長宛て　国立公園課長通知）より抜粋

第1　基本的な考え

公園内の歩道は、基幹的な施設で、歩行利用を確保するものであるため、トレイルランニング等走行による利用は想定していない。大会等は、歩道の適正な維持管理の妨げ、歩道周辺の自然環境への影響、走行利用者間の接触、静穏の阻害、混雑などによる快適な利用の妨害のおそれがある

第2　国立公園管理運営計画への配慮

国立公園の自然環境・利用実態を踏まえた対応を行うべきである。「国立公園管理運営計画作成要領」に基づいて、「適正な公園利用の推進に関する事項」として、大会のコース・期間に係る指導事項、地方自治体との連携など記載する

第3　大会の取扱いの方針

1. コース設定の基本的事項
①特別保護地区について：
法第21条第3項の規定により「木竹を損傷すること」及び「木竹以外の植物を採取し、若しくは損傷し、又は落葉若しくは落枝を採取すること」が厳しく規制されている。厳重に維持管理すること、発生が懸念されるときはコース設定を避けること、特別保護地区内の植生帯への踏み出しを禁止する
②第1種特別地域について：
現在の風致を極力保護することが必要な地域である。特別保護地区同様に取り扱うこと
2. コース設定における配慮事項
①走行に対して脆弱な区間はコースに含めない
②踏み荒しによる歩道の複線化や拡幅の懸念場所には防止柵等の措置を講じコースを外さないこと
③すでに洗掘を受けているところはコースに含めない。やむを得ず含める場合はマットの敷接により養成する
④崩落や落石の恐れのあるガレ場や傾斜地に付けられた狭隘な登山道などはコースに含めない
⑤保全対象と定められている重要な自然環境等については影響が生じないように対応をする
4. その他の配慮事項
野生動植物への影響を回避すること。専門家、自然保護団体等の意見を反映させること、歩道等管理者、土地所有者、関係行政機関等との事前調整をすること

第4　大会開催に伴うモニタリング等の実施

1. 地方環境事務所棟は、自然環境等に与える影響のモニタリングを実施すること。データが一定程度集積されている場合は、調査規模の縮小も可能である
①モニタリングの実施にあたっては、大会立案時に事前調査を行うこと。モニタリング対象地点の洗い出し、特に開催実績のないコースについては、詳細な調査を実施すること
②大会の事前及び事後の様子を写真等に収めて比較し評価すること
2. モニタリングの結果で改変が確認される場合は原状回復措置を行うこと

第5　その他

1. 看板等の広告物の設置、休憩場等の工作物の新築は、審査基準に照らし合わせて適切に指導すること
2. 夜間走行を含む大会等については、本通知の趣旨が十分に配慮されること
3. 本通知などを主催者や関係者等に内容を説明し、可能な限り理解を促すこと
4. 関係行政機関等との間で、十分な連絡調整を図り対応を行うこと

　以上の内容が、環境省から平成27（2015）年に通知されました。
　この内容を、北九州・平尾台トレイルランニングレースの大会実行委員会においても詳細に検討しました。特に、環境調査・評価委員会としては、下記4点について、大会関係の走者・役員、エイド関係者などからご意見をいただきたいと考えています。
1. 参加人数を制限していること
2. 事前と事後の変化に関する環境調査・評価を実施してきた。その内容は主に、土壌硬度の変化の調査と植物へのインパクトに関するものである。大会当初からコースの数か所でモニタリングを行ってきた
3. 大会当初からの約束である、調査・評価に関する調査結果については、平成28（2016）年の大会において、一冊にまとめたものを出版する
4. 今後、調査・評価に関する調査内容の再検討を行う

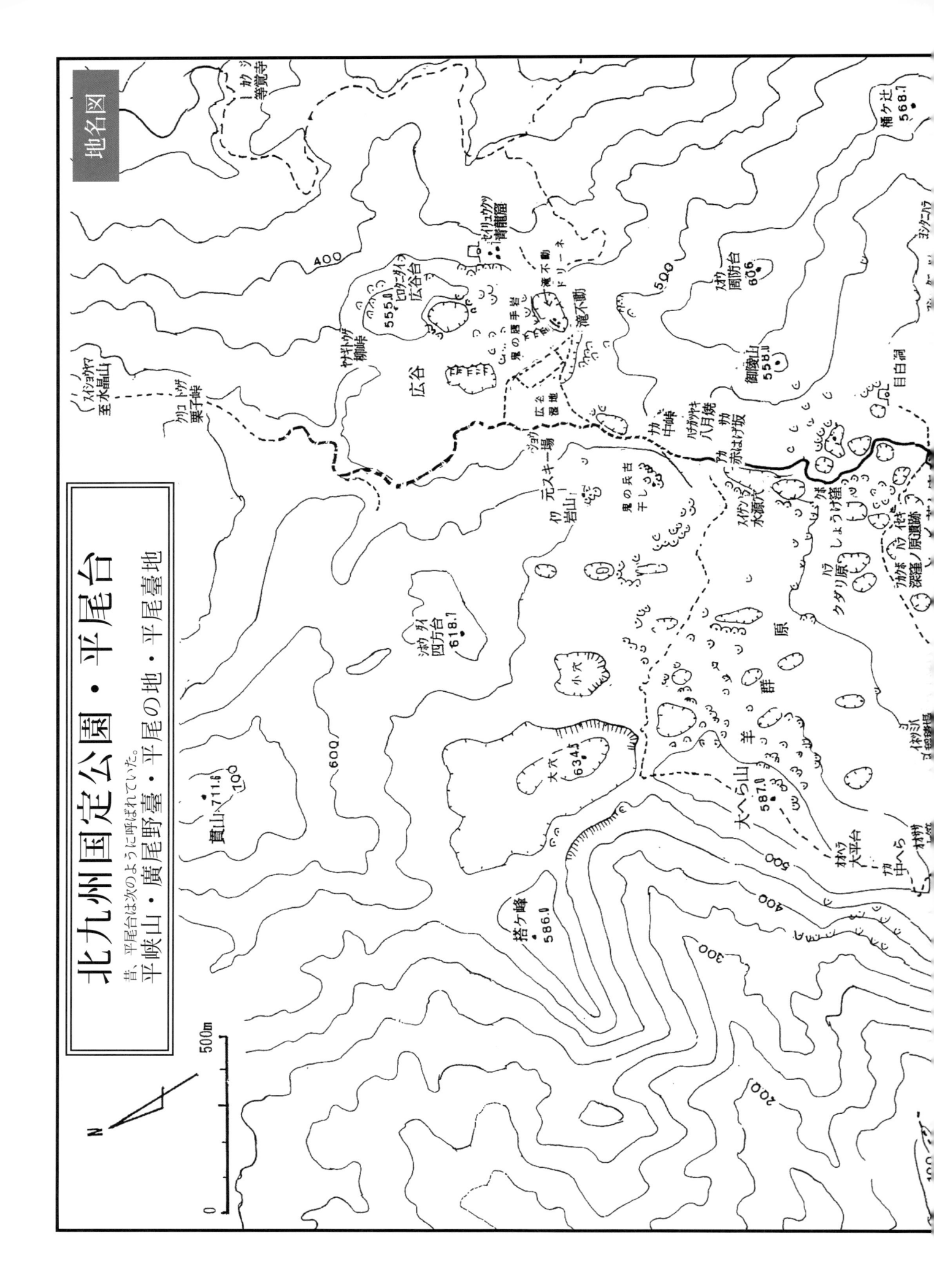

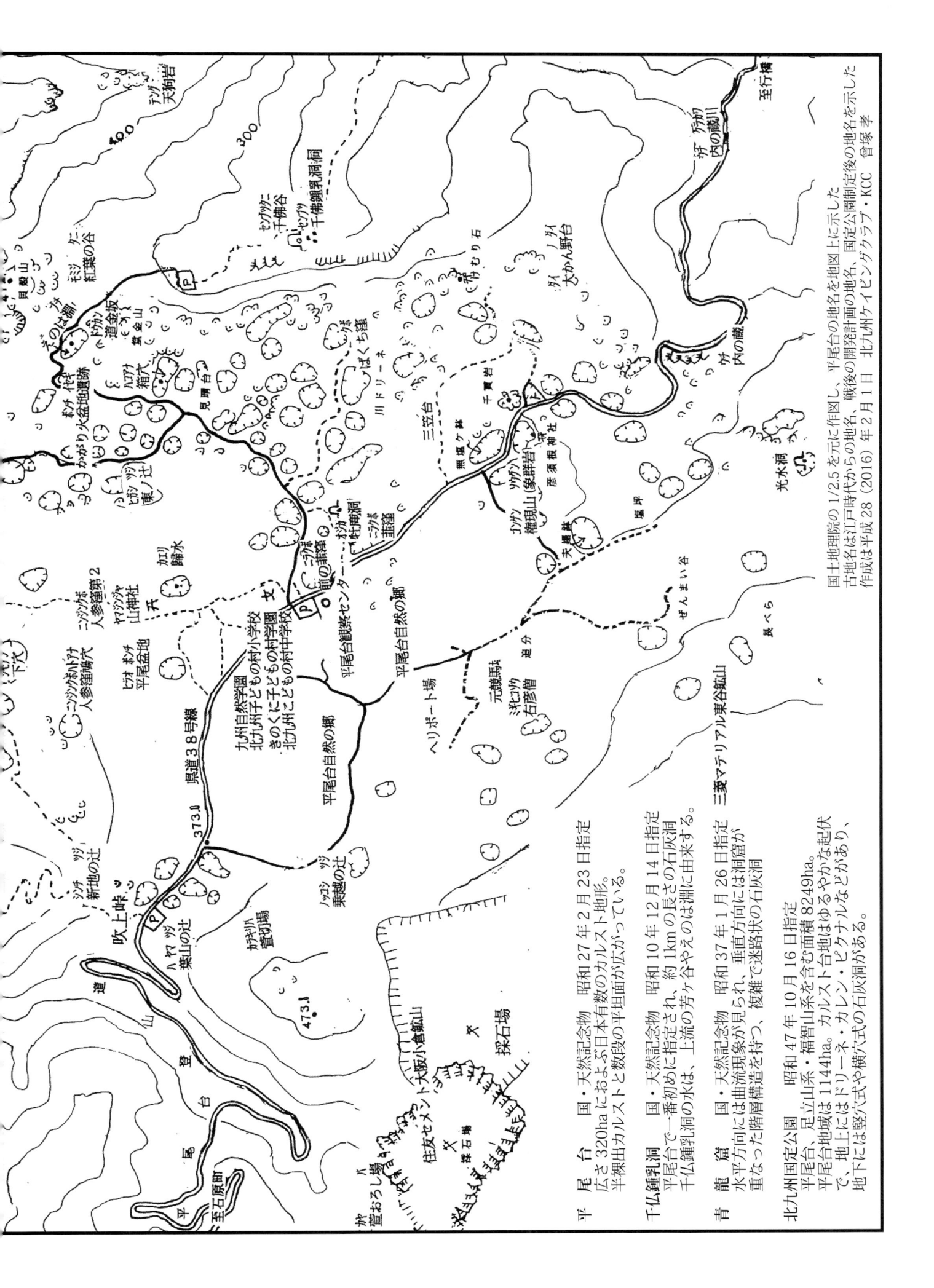

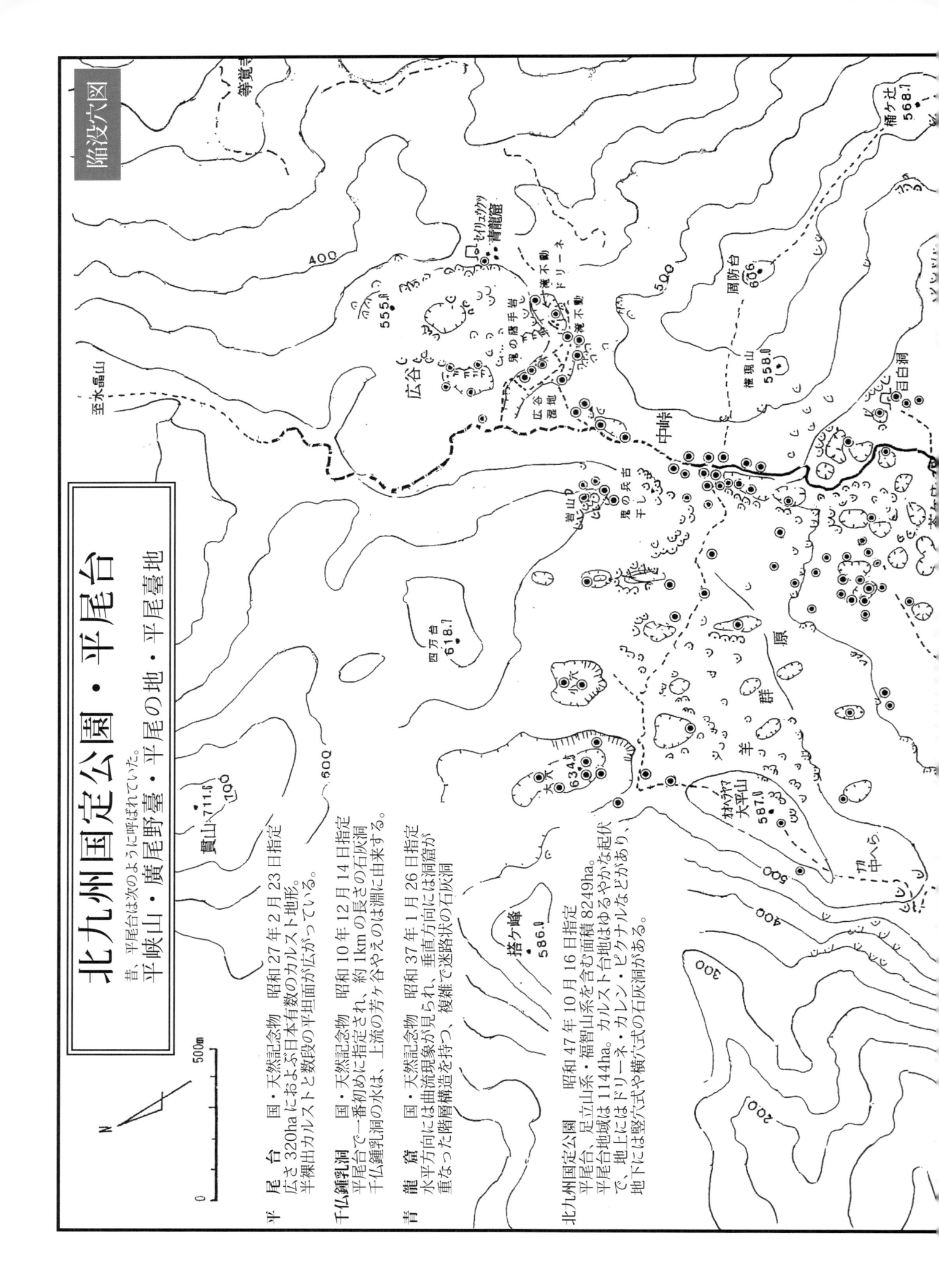

北九州国定公園・平尾台

昔、平尾台は次のように呼ばれていた。
平峡山・廣尾野臺・平尾の地・平尾臺地

平 尾 台　国・天然記念物　昭和27年2月23日指定
広さ320haにおよぶ日本有数のカルスト地形。
半裸出カルストと数段の平坦面が広がっている。

千仏鍾乳洞　国・天然記念物　昭和10年12月14日指定
平尾台で一番初めに指定され、約1kmの長さの石灰洞
千仏鍾乳洞の水は、上流の芳ヶ谷やえの水は淵に由来する。

青 龍 窟　国・天然記念物　昭和37年1月26日指定
水平方向には曲流現象が見られ、垂直方向には洞窟が
重なった階層構造を持つ、複雑で迷路状の石灰洞

北九州国定公園　昭和47年10月16日指定
平尾台、足立山系・福智山系を含む面積8249ha。
平尾台地域は1144ha。カルスト台地はゆるやかな起伏
で、地上にはドリーネ・カレン・ピナクルなどがあり、
地下には竪穴式や横穴式の石灰洞がある。

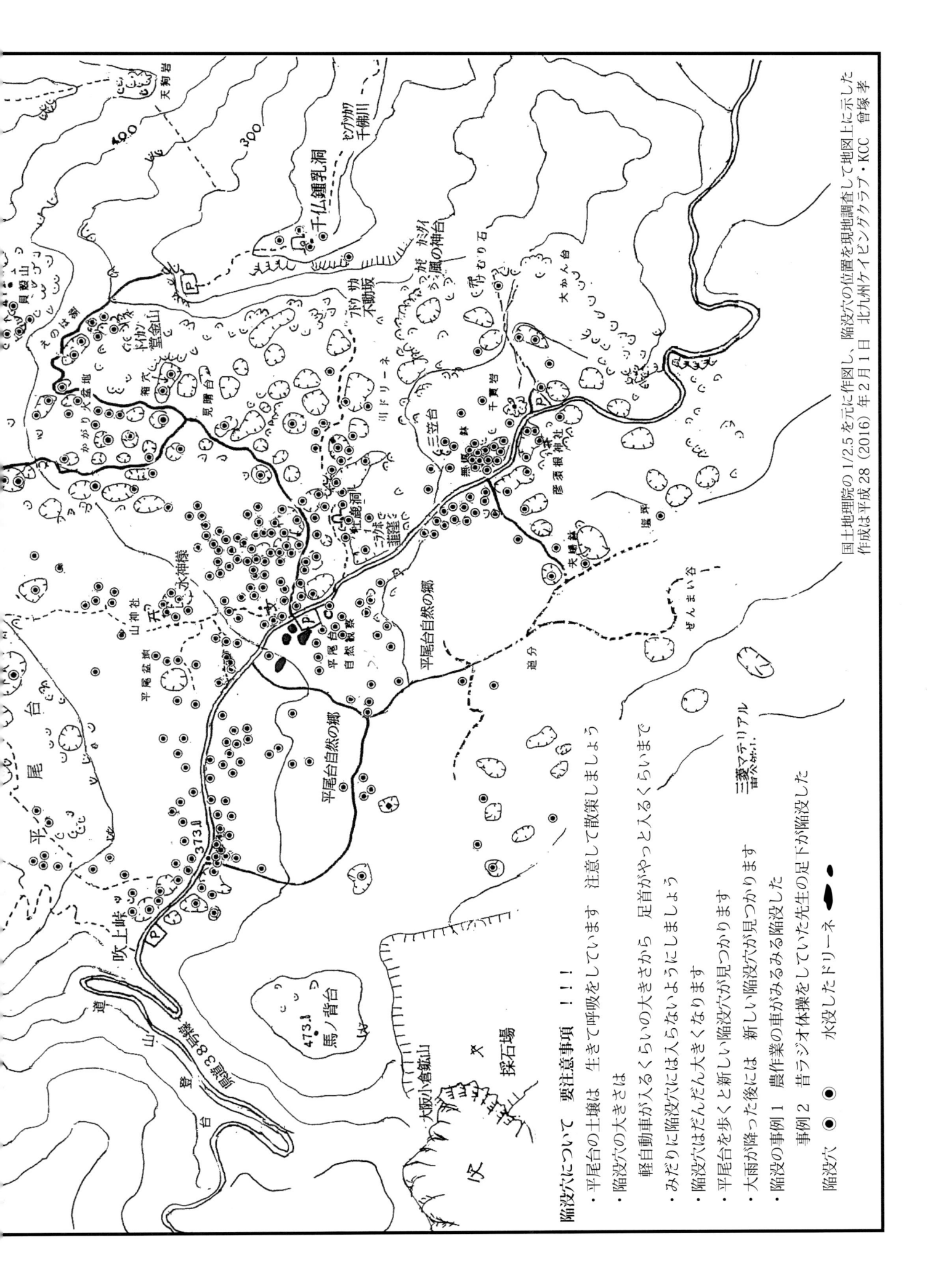

陥没穴について 要注意事項 ！！！

・平尾台の土壌は 生きて呼吸をしています 注意して散策しましょう

・陥没穴の大きさは

 軽自動車が入るくらいの大きさから 足首がやっと入るくらいまで

・みだりに陥没穴には入らないようにしましょう

・陥没穴はだんだん大きくなります

・平尾台を歩くと新しい陥没穴が見つかります

・大雨が降った後には 新しい陥没穴が見つかります

・陥没の事例１ 農作業の車がみるみる陥没した

 事例２ 昔ラジオ体操をしていた先生の足下が陥没した

陥没穴 ◉　水没したドリーネ ●−●

国土地理院の1/2.5 を元に作図し、陥没穴の位置を現地調査して地図上に示した
作成は平成28 (2016) 年2月1日 北九州ケイビングクラブ・KCC 曽塚孝

平尾台よもやま話

　戦後平尾台は、大勢の開拓者を迎え、道路が開通し、生活する人が増え、社会の変化にも応じて、生活の仕方も多岐になりました。

■生活の変化

　平尾台石灰岩のカルスト台地は、川や池がなく水の少ない土地です。その平尾台で大火事が発生しました。家屋は茅葺き屋根で、平尾台の上では風も強く吹くので、瞬く間に火は燃え広がっていきました。

　水がある「帰水」近くの「山神社」を中心に、平尾台の生活や祭りが行われてきました。祭りの中で古くから行われたのは、帰り水がある水神様の祭りでした。水神様の祭り、風神様の祭り、敷地祓いなどの祭事が行われ、平尾台太鼓が創立されました。

　戦前は家の周りに墓地があり土葬を行っていました。戦後入植してきた人たちは、大きな道も、墓地もないので、仏事が生じると大変でした。

　平尾台の下までは運べないので、やむを得ず平尾台の上の足場がよく、樹木があるところで火葬していました。

■戦後の開発

　戦後、一番先に形成されたのが、立派な舗装された登山道でした。

　車が通る道がやっと1本できたのです。その後の平尾台にとって、様々な改革を押し進める一大革命の原動力となりました。

　公民館建設、スキー場設置、競馬場開設、宿泊や娯楽施設のマルワランド開設、ヘリポート開設、ラグビー場開設等が計画されました。北九州市に合併する前の小倉市は、平尾台の開発にいろいろ努力したようです。さてこの計画の中で現実になり、工事が行われたのはどれでしょうか。スキー場設置計画は降雪量が少なく、ケーブルもなく中断し、井出浦からのロープウェイは話だけで中断し、競馬場開設計画も話だけでした。

　平尾台観光ホテルとその横にクレー射撃場ができましたが、ホテルはマルワランドが受け継ぎ大学のラグビーの合宿等の宿泊施設として使用したものの、十分な利用がなく稼働は中断しました。

　小倉市と平尾台の橋渡しをした人物が、旧小倉市の観光課に勤めていた我有文雄さんでした。

　我有文雄さんは、平尾台開発組合に関する件、平尾台鉱業権に関する件、最高裁判所判決の件、県道28号線の直方行橋線に関する件、天然記念物「平尾台」に関する件、平尾台自然公園に関する件、竜巻で有名な藤田さんと友人の戸田さんが学生時代に見つけた藤戸洞発見についての感謝状の件、鍾乳洞懸彰会の件、平尾台休憩舎の件などに関与されました。

　平尾台にできた公的機関は、公民館と平尾台観察センターでした。この2つの施設は、最初から別物として建設されたようです。

　後の観察センターの管理人を務めた横田直吉さんは愛媛県に生まれ、小倉師範を卒業し、旧企救郡東谷第二尋常小学校を皮切りに、小学校の教師を務め、新道寺小学校の校長に就任したのち、昭和31年に勇退し

平尾台太鼓

平尾台・山神社

平尾台開拓記念碑

平尾台・カルスト台地

ました。その後、平尾台観光センターの管理人を勤め、昭和55年に退職しました。

　現在、公民館は、平尾町内の町内会長が管理し、管理人が順番に選ばれています。

　平尾台観察センターは、立て替えられたときから福岡県の観察センターとなりましたが、その管理は北九州市に委託されて、今は公募で管理者を決めています。

■国定公園や県立公園などの制定秘話

　北九州市戸畑区に、西日本鉱業倶楽部があります。

　そこを会場にして、学識経験者や平尾台地元住民の代表者が集い、平尾台を文化財として指定するか、セメント会社の開発をするかという審議をしていました。

　最初、平尾台住民は文化財指定や国定公園指定には反対でした。セメント鉱区に設定されると、農業だけでなく、現金収入のある仕事ができることから、セメント鉱区の設定同意に、全員がハンコをついたそうです。

　行政の方は、今まで行ってきた農業政策、開拓行政には迷惑をかけないという説明の中で、吹上峠やかがり火盆地などの階段状耕作地を行っていました。農業政策には一切迷惑をかけないということで、国・県・市・地元と紳士協定の中で平尾台住民は全員押印をして、国定公園・天然記念物などの文化財指定に承諾することになりました。

　原野の農業としての使用とそれに付随した道路補修はしてよろしいということで落着したそうです。

　このとき審議に出席した平尾台の住民代表は瀬来克二さんと上田寛さんで、審議後、平尾台の公民館で事情説明会が行われ、全員が押印するという決着がつきました。

■平尾台の盆踊り

　平尾台の盆踊りは、中心に櫓を建て、太鼓をたたいて、のぞきを奏でて踊ります。平尾台の近くの地名に、能行（のうぎょう）というところがあり、そこで行われる盆踊りは「能行くどき」と呼ばれています。この盆踊りは、平尾台の東側の麓にある、井手浦や高津尾などでも行われています。能行地域の文化が、周辺に広がっていったのです。能行地域はこの周辺の文化の中心であったと想像されます。平尾台や周辺で行われている「能行くどき」には、文化の広がりを感じます。

　この周辺で行われているお祓いや盆踊りや禊がありますが、近くには蒲八幡様があって、小倉の小笠原藩の町家の守り神になっていてます。蒲八幡様は「一の宮」です。

　小倉のお城の南の地名に「北方（きたがた）」や「南方（みなみかた）」　がありますが、これは蒲八幡様より北方（ほっぽう）や、南方（なんぽう）にあるので名付けられたものです。蒲八幡様や能行地域は、平尾台に近いところの一つの文化の中心地であり、お祓いや盆踊りなどはその影響を受けています。平尾台で行われている禊は、平尾台の南方にある英彦山の影響や修験道者などが影響しています。

　これらの平尾台の文化は、周辺のいろんな文化の影響を受けていることがわかります。

■平尾台の野焼きについて

平尾台台地の春は、野焼きから始まります。

今は野焼き、昔は山焼きと言っていました。平尾台には、草原が広がっています。地元の人は、ススキのことを昔から「尾花（おばな）」といっていました、そのオバナ、ネザサ、オガルカヤ、メガルカヤなどの草本が台地を覆っています。

草原の病・害虫の駆除や草原の植物の芽立ちを助けたり、不要な外来植物の駆除のために昔から行っています。毎年雨や積雪があったりして、予定日に行われることは難しいのですが、平尾台では、毎年2月の第3日曜日に行われています。

はじめは山の高いところから、次に下の方から、花火とヘリコプターの合図で、午前午後に別れて開始します。

野焼きは、熊本県の阿蘇山、山口県の秋吉台、奈良県でも春の風物詩として行われています。野焼きの前には、前年の10月の防火帯切りから始まります。平尾台だけでなく、周辺の集落から大勢の人が参加し、消防署、警察、自衛隊の参加のもとに行われます。

当時の風の向きはわかりませんが、ススキ草原の中で活動している人影は、遠目ではわかりにくい状況だったと予想されます。

そんな中で、事故は起こってしまったようです。

事故は昭和52（1977）年3月25日に発生しました。「殉職したのは消防職員の司令長尾形宏氏、司令河野慶太郎氏、司令補福田安種氏、木本善之氏、有畑泰博氏の5氏で、貫山林野火災にあたり、この地より北北西約1kmの地点において火災防御に従事し殉職した消防職員の御霊の冥福を祈る」と刻まれた野焼き事故の殉職者碑が、昭和52年9月23日に建立されていて、今も谷を見下ろしています。その後、野焼きは平成5（1993）年までとだえました。

その間、草丈は高くなり、石灰岩柱は草で覆われ、植物のクズが繁茂して草原は歩きにくくなり、山火事が発生するようになりました。野焼きが再開されたのは、壹岐尾政智さんや前田康典さんらの地元住民からの要望が大きかったためです。前田康典さんは、野焼きの朝は慰霊碑に必ずお参りをし、野焼きの安全を祈願しています。

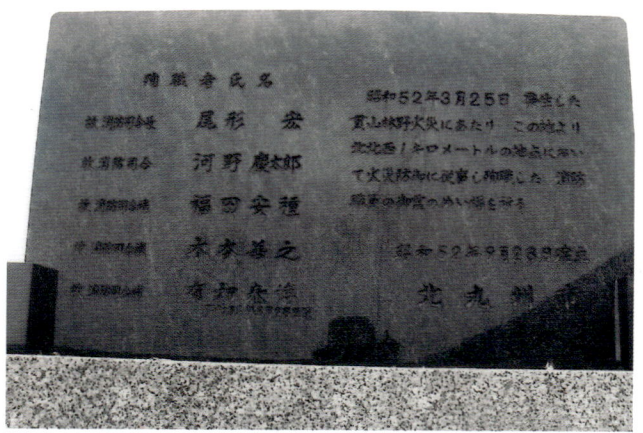

野焼き前に殉職者に向かって安全祈願

春の早朝、野焼き前の打ち合わせ

野焼きのはじまり。バーナーで点火

分担割と係員の割り表

水　神　祭

場　所：山神社の手前のドリーネの帰り水にある神社

概　要：現在の水神様の祭りは、戦後の40～50年前から、平尾台の本村で行われていました。平成18年度より、本村だけでなく町内全体で行うことになりました。この祭りは、多分、江戸時代からあったのではないかと想像されます。それは、江戸時代には、帰り水を中心に、集落ができていましたので、生活の中心にある水に対する祭りがあったのではないかと思われます。

水神祭：平成18年7月2日（日）

　　　8：00　集合

　　　　　①　御潮斉とり：行橋市蓑島

　　　　　　御潮斉（おしおい）：海の潮を汲み、家の内外にまき浄め、神前に供すること。

　　　　　　浜の荒砂や神馬藻などの海藻を用いる場合もある。

　　　　　②　直来の準備：斉を直って平常にかえる意

　　　　　　直来（なおらい）：神事が終わって後、神酒・神饌をおろしていただく酒宴

　　　　　③　神社周辺の清掃

　　　11：30　水神祭

　　　　　祭主は東大野八幡宮の宮司

水神祭の言われ （平尾台カルスト第1集「平尾台高原カルストの人文生態」, 浜田清吉 1952.）

　「豊前国誌」広尾野台の条に「此山に広尾野村あり、十二、三戸あり、・・・水少なし。只、一所砂石山の流れほげ有りて、深さ二、三十間底に一方より少しなめらかな所へ路を付、水取りに入る事也。其穴底に五、六間計の浅き流水有、朝夕呑水を取」と記載されている。

　帰水は「カワ」と井戸の古名をもって呼ばれており、今も水神が祀られる。

　年々集落を挙げて古式な水神祭が行われている。

　長い伝統をもつ平尾集落では、戸主が揃って周防灘海岸の七つの浦を巡り、携行の麦を海神に捧げ「七浦の潮」を汲んで帰って行う「潮汲み」の祭り、山の幸と海の幸とを交換した。

　古い伝統を持つ水神祭の唯一の供物のうどんの原料をなす小麦や、焼畑形式で広く栽培され「カンノソバ」と呼ばれ「平尾ソバ」として有名な蕎麦もまた、カルスト農業上見逃しがたいものである。

平尾台の祀り

　水神祭：7月上旬に行われる

　鎮火祭：2月に山神社で行われ、御鎮火太鼓が奉納される

　風鎮祭：6月上旬に行われる

　猿田彦：国つ神の一つ。中世には庚申の日にこの神を祀り、また道祖神と結びつけた今の碑には天保5年(1834年)の年号が入っています

平尾台太鼓

　御鎮火太鼓・出陣太鼓など

　平尾台町内の組は、6組に別れている

平尾台の四季

春

1 裸出カルスト・羊群原　2 モモ　3 ヒトリシズカ　4 ツレサギソウ　5 ヤマナシの花　6 ムラサキケマン

夏

1 薬草にもなるミシマサイコ　2 ノヒメユリ　3 キキョウ　4 草原の凹地の中に形成された森林　5 シラン　6 夏を彩るコオニユリ

秋

1 ハバヤボクチ　　2 キンミズヒキ　　3 ススキ草原にかかった霧海　　4 リンドウ　　5 ヨロイグサ

冬

1 雪の中のナンテン　　2 早春（3月）に咲くオキナグサ　　3 草紅葉になったヒヨドリバナ　　4 ムラサキセンブリ　　5 冬の平尾台・周防台

曾塚 孝（そつか たかし）

1935年福岡県生まれ
1959年広島大学教育学部卒業
福岡県立高等学校生物科教員、北九州工業高等専門学校（非常勤）を経て、現在、九州工業大学理数教育支援センター客員教授、北九州市立いのちのたび博物館友の会顧問。
この間、北九州ケイビングクラブ（KCC）を創り、平尾台カルスト台地調査、平尾台の石灰洞調査、古脇野湖魚類化石調査、カルスト植物園新設、北九州市立自然史・歴史博物館新設に関与した。北九州工業高等専門学校のとき、DNAの簡易抽出法、北九州・平尾台トレイルランニングレースの環境インパクト調査を行った。平尾台の石灰洞調査では、ヤベオオツノジカ、ニホンオオカミ、ニホンムカシシカ、ナウマンゾウなどの発掘・調査を行った。

Special Thanks（本書発行にご協力いただいた方々）

■トレイルランナーの石川弘樹さん
■平尾台町内会の前田康典さん、壹岐尾政智さん、壹岐尾憲文さん、瀬来芳道さんなど
■福岡県環境部自然保護課、北九州市教育委員会、北九州市小倉南区役所など
■北九州高等学校理科部および北九州ケイビングクラブ（KCC）の亀井俊幸さん、樋口輝己さん、池内英雄さん
■最後に、装丁や校正のアドバイスをくれた教え子の多田隈優さん

本当に大変多くの方々にお世話になりました。

北九州・平尾台トレイルランニングレースに関する写真の掲載については本委員会より許可を得ております。

平尾台トレイルランニングの魅力

2016年4月16日　初版第一刷発行

著　者	曾塚 孝
発行者	佐藤 裕介
編集人	遠藤 由子　　冨永 彩花
発行所	株式会社 悠光堂

〒104-0045 東京都中央区築地 6-4-5
シティスクエア築地 1103
電話：03-6264-0523
FAX：03-6264-0524
http://youkoodoo.co.jp

制作・デザイン　渡辺 桂
印刷・製本　株式会社 シナノパブリッシングプレス

ISBN 978-4-906873-70-8　C0075
定価：本体 1,000 円＋税

友の会出版会